基于网络关注度的
原油价格分析与预测研究

李晶晶◎著

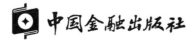
中国金融出版社

责任编辑：明淑娜
责任校对：李俊英
责任印制：丁淮宾

图书在版编目（CIP）数据

基于网络关注度的原油价格分析与预测研究/李晶晶著. —北京：
中国金融出版社，2021.5
ISBN 978 – 7 – 5220 – 1161 – 5

Ⅰ.①基…　Ⅱ.①李…　Ⅲ.①原油价格—研究　Ⅳ.①F407.22

中国版本图书馆 CIP 数据核字（2021）第 081359 号

基于网络关注度的原油价格分析与预测研究
JIYU WANGLUO GUANZHUDU DE YUANYOU JIAGE FENXI YU YUCE
YANJIU

出版
发行　　中国金融出版社

社址　　北京市丰台区益泽路 2 号
市场开发部　（010）66024766，63805472，63439533（传真）
网 上 书 店　www.cfph.cn
　　　　　　（010）66024766，63372837（传真）
读者服务部　（010）66070833，62568380
邮编　　100071
经销　　新华书店
印刷　　保利达印务有限公司
尺寸　　169 毫米 × 239 毫米
印张　　8.25
字数　　116 千
版次　　2021 年 5 月第 1 版
印次　　2021 年 5 月第 1 次印刷
定价　　30.00 元
ISBN 978 – 7 – 5220 – 1161 – 5
如出现印装错误本社负责调换　联系电话（010）63263947

内容简介

原油作为工业生产的重要原料，其价格波动对世界经济的影响愈发深远。油价波动受到诸多复杂因素的影响，如供需、库存、经济、金融、地缘政治和极端事件、投资者网络关注度等。分析原油价格与其影响因素的联动机制，对完善原油市场定价、构建原油价格波动的风险预警机制都有着十分重要的作用。此外，基于影响因素的原油价格预测也是经济管理领域非常重要的研究议题，因为准确地预测原油价格对维护我国经济稳定与能源安全至关重要。

在影响原油价格的诸多因素中，投资者关注度在既有研究中鲜被涉及，因为在传统数据平台下这一因素是难以量化的。近年来，随着大数据和互联网技术的发展，投资者在互联网上留下的网络搜索数据可以作为衡量投资者关注度的重要指标，也为相关的研究奠定了数据基础。因此，本书基于多种类和多语言的网络搜索数据，研究了原油价格和网络关注度的联动机制，并提出了基于多种类和多语言网络搜索数据的原油价格预测模型。具体的研究内容和主要结论如下。

第一，基于频率格兰杰因果检验的原油价格和网络关注度的联动机制研究。基于多种类的网络搜索数据，本书构建了五类网络关注度指数，分别为基础指数、供需指数、经济指数、战争指数和天气指数。不同于以往的在原始数据尺度上的研究，本书使用频率格兰杰因果检验研究网络关注度与原油价格之间多尺度的联动机制。研究发现与标准线性格兰杰检验相比，频率格兰杰可以捕获到更多的关联性信息。具体地，原油价格和多种类的网络关注度之间格兰杰因果关系的存在、强度和方向都随频率的变化而变化。首先，原油价格与供需指数、战争指数和天气指数之间在所有频率上都满足中立的假设（即没有因果关系）。其次，原油价格和经济指数之间存在反馈机制，即经济指数驱动中低频（中长期）

1

原油价格，而原油价格在所有频率上都是经济指数的格兰杰原因。最后，原油价格与基础指数之间在低频（长期）上存在单向因果关系，方向从基础指数到原油价格。

第二，基于混合核极限学习机的原油价格预测。使用多种类的网络搜索数据作为预测变量，本书提出了一个新的、混合核极限学习机（Kernel Extreme Learning Machine，KELM）模型，并将其用于原油价格预测。该混合 KELM 模型兼具全局性核函数和局部性核函数的优点，同时具有很好的学习能力和泛化能力。此外，本书还评估了不同滤波技术：HP（Hodrick - Prescott）滤波、Hamilton 滤波和 BEMD（Bidimensional Empirical Mode Decomposition）滤波对混合 KELM 模型的改进效果。主要结论为：（1）本书提出的混合 KELM 模型无论在提前一个月或者两个月的情况下，都优于单一的 KELM 模型；（2）评估不同的滤波技术对混合 KELM 模型的改进效果，发现 BEMD 滤波表现最好，HP 滤波次之，Hamilton滤波较差；（3）稳健性检验结果基本支持以上结论，并证明本书提出的混合 KELM 模型比较适合于短期预测。

第三，原油价格和多语言网络搜索数据的动态、多尺度联动机制研究。现有原油价格和网络搜索数据之间的联动机制研究局限于使用单语言的网络搜索数据，研究静态、固有尺度的联动机制。本书基于多语言网络搜索数据，使用小波分析研究并对比了不同语言的网络搜索数据和原油价格之间的动态、多尺度联动机制。主要结论为：（1）能量谱结果显示：在时间上，网络搜索数据和原油价格的主要高能量区域都集中在 2014 年 5 月至 2017 年 5 月；在尺度上，原油价格和网络搜索数据的主要高能量区域集中在中长期区域，后者还伴随短期高能量聚集现象。（2）相干系数结果显示：在时间上，除了德语，其他六种语言的网络搜索数据都呈现先增加后减少的趋势，德语网络搜索数据和原油价格的相干系数最高；在尺度上，所有的网络搜索数据和原油价格的相干系数都在 32～64 周（长期）这个尺度上达到最大值。（3）相位差结果显示：原油价格与多语言网络关注度指数之间相位为反向，但 2018 年以后开始出现同相位波动的情况；原油价格领先于多语言的网络搜索数据，但是在

2

中短期和 2016 年以后出现局部多语言的网络搜索数据领先于原油价格的情况。

第四,基于多语言网络关注度的原油价格预测模型。基于多语言网络搜索数据,本书提出了一个新的、多语言关注度指数驱动的原油价格预测框架,并将其用于实证研究。实证结果证明了将多语言关注度指数应用于原油价格预测的优势。研究发现,使用网络搜索数据的模型都优于不使用网络搜索数据的模型,证明了网络搜索数据在原油价格预测中的重要作用。更重要的是,本书提出的多语言搜索指数在原油价格预测效果方面优于单一语言(尤其是英语)的网络搜索数据。

目　　录

第一章　绪论 ……………………………………………………… 1

　　1.1　研究背景与意义 ………………………………………… 1

　　　　1.1.1　研究背景 …………………………………………… 1

　　　　1.1.2　研究意义 …………………………………………… 3

　　1.2　研究内容与框架 ………………………………………… 5

　　　　1.2.1　研究内容 …………………………………………… 5

　　　　1.2.2　研究框架 …………………………………………… 7

　　1.3　主要创新点与贡献 ……………………………………… 10

第二章　文献综述 ………………………………………………… 12

　　2.1　原油价格与其影响因素的联动机制研究 ……………… 12

　　　　2.1.1　原油市场和原油价格 ……………………………… 12

　　　　2.1.2　原油价格的影响因素 ……………………………… 13

　　　　2.1.3　原油价格与影响因素的联动机制研究 …………… 19

　　2.2　原油价格预测研究 ……………………………………… 22

　　　　2.2.1　原油价格预测研究现状 …………………………… 22

　　　　2.2.2　原油价格预测研究方法 …………………………… 23

　　2.3　网络搜索数据的应用研究 ……………………………… 28

　　　　2.3.1　网络搜索数据来源与类型 ………………………… 28

　　　　2.3.2　网络搜索数据的应用 ……………………………… 30

　　2.4　本章小结 ………………………………………………… 34

第三章 基于时频格兰杰因果检验的原油价格和
网络关注度的联动机制研究 ························· 36

3.1 引言 ··· 36
3.2 研究框架及方法 ································· 38
3.2.1 研究框架 ······························· 38
3.2.2 时频格兰杰因果检验 ················ 40
3.3 数据描述 ··· 42
3.3.1 网络关注度指数构建 ················ 42
3.3.2 数据统计分析 ························· 45
3.4 结果分析 ··· 46
3.4.1 线性格兰杰因果检验结果 ·········· 46
3.4.2 频率格兰杰因果检验结果 ·········· 48
3.4.3 结果总结与启示 ······················ 50
3.5 本章小结 ··· 51

第四章 基于混合核极限学习机的原油价格预测模型 ··········· 53

4.1 引言 ··· 53
4.2 研究框架及方法 ································· 55
4.2.1 研究框架 ······························· 55
4.2.2 HP 滤波 ································· 56
4.2.3 Hamilton 滤波 ······················ 57
4.2.4 BEMD 滤波 ··························· 58
4.2.5 混合 KELM 模型 ···················· 60
4.3 实验数据及预测评价指标 ················ 61
4.3.1 数据描述 ······························· 61
4.3.2 预测评价指标 ························· 63
4.4 实验结果 ··· 64
4.4.1 滤波结果 ······························· 64

　　4.4.2　预测结果 ……………………………………………… 66

　　4.4.3　稳健性检验 …………………………………………… 68

　4.5　本章小结 …………………………………………………… 69

第五章　原油价格和多语言网络关注度的动态与
　　　　多尺度联动机制研究 ……………………………………… 71

　5.1　引言 ………………………………………………………… 71

　5.2　研究方法 …………………………………………………… 73

　　5.2.1　确定多语言网络搜索数据 ……………………………… 73

　　5.2.2　小波 ……………………………………………………… 73

　　5.2.3　连续小波变换 …………………………………………… 74

　　5.2.4　小波相干 ………………………………………………… 75

　　5.2.5　小波相位 ………………………………………………… 76

　5.3　实验数据 …………………………………………………… 76

　　5.3.1　数据来源及筛选 ………………………………………… 76

　　5.3.2　数据统计描述 …………………………………………… 79

　5.4　实验结果 …………………………………………………… 80

　　5.4.1　连续小波变换结果 ……………………………………… 80

　　5.4.2　小波相干结果 …………………………………………… 81

　5.5　本章小结 …………………………………………………… 83

第六章　基于多语言网络关注度的原油价格预测 ……………… 85

　6.1　引言 ………………………………………………………… 85

　6.2　研究框架及方法 …………………………………………… 87

　　6.2.1　研究框架 ………………………………………………… 87

　　6.2.2　构建多语言网络关注度指数 …………………………… 89

　　6.2.3　联动机制评估 …………………………………………… 90

　　6.2.4　原油价格预测模型 ……………………………………… 91

　6.3　实验数据及预测评价指标 ………………………………… 94

　　　6.3.1　实验数据 ·· 94

　　　6.3.2　预测评价指标 ··· 95

　　6.4　实验结果 ··· 96

　　　6.4.1　网络关注度指数构建 ·· 96

　　　6.4.2　联动机制评估结果 ··· 98

　　　6.4.3　预测结果 ··· 99

　　　6.4.4　讨论 ·· 102

　　6.5　本章小结 ··· 103

第七章　总结与展望 ·· 105

　　7.1　本书总结 ··· 105

　　7.2　本书展望 ··· 107

参考文献 ·· 108

第一章 绪 论

1.1 研究背景与意义

1.1.1 研究背景

被誉为"工业血液"的原油是现代工业的重要能源和原料,其价格波动可以影响国民经济产业链的多个层面,从而对全球经济产生重大影响。原油是世界上需求量最大的大宗商品之一,按当前价格计算,其规模为每年 1.7 万亿美元[1]。油价影响着世界经济的各个方面,例如国内生产总值(Gross Domestic Product,GDP)增长[2]、失业率[3]、通货膨胀[4]、物价上涨[5]、股票收益[6]、汇率水平[7]等。在中东的一些原油出口国,原油价格和收入在其外交政策和支持其在其他国家的政治利益上扮演着重要的角色[8]。在原油进口国,如美国、西欧国家、中国、日本和韩国,原油价格也在其经济发展中扮演重要角色,特别是在运输和制造业部门。而我国作为世界第一大原油进口国和第二大消费国,原油对外依存度不断增高,国际油价异常波动日益成为我国经济运行的不稳定因素。

基于原油价格对国民经济的重要影响,充分了解原油价格的驱动因素及其联动机制对市场参与者至关重要。随着原油市场的金融化以及原油期货市场的快速发展,原油交易吸引了众多类型的市场参与者。这其中不仅有与原油相关的公司,还有纯粹的原油市场投资者。2017 年,在交易所交易的所有大宗商品衍生品合约中,原油衍生品合约的交易量最高。[9]所有参与者都在努力寻找影响原油价格的因素,其中联动机制研究是现有研究中被广泛关注的一个重要方面[10]。联动机制研究致力于挖掘原油价格与其影响因素之间的传导机制。自 2008 年国际金融危机以来,全球经济不确定性增加，原油市场经历了前所未有的波动，原油市场与其他市场的风险传导现象越发显著，一方的波动会导致另一方的波动。因此，研究原油价格与影响因素之间的联动机制显得越发重要，尤其对投资者对冲风险和构建最小风险投资组合具有重要意义[9]。

此外，准确地预测原油价格对维护经济稳定、规避风险、投资决策都有着重要意义。首先，原油价格关系到国民经济的各个方面，高油价不仅会增加相关部门（尤其是原油密集型行业）的生产成本，甚至会导致通货膨胀。其次，在油价长期高涨的情况下，大量进口原油将会加大我国国际收支的压力和风险，甚至会出现大规模的贸易逆差[11]。最后，原油作为投资量最大的大宗商品，其价格是衍生品定价、风险管理和投资组合选择模型的重要输入[8]。掌握原油价格波动规律并提供准确的预测对维护经济稳定、规避风险、投资决策至关重要。但是原油价格预测一直以来都是颇具挑战性的研究议题，因为它受到很多复杂因素的影响，如供需、库存、经济、金融、地缘政治等[12]。

随着传感器技术、无线/传输技术、网络通信技术、云计算、智能移动设备的飞速发展，大量数据产生并影响到我们生活的各个方面。国际数据公司（International Data Corporation，IDC）的一份研究报告指出，2011 年全球范围内创建和存储了 1.8 泽字节（ZB）数据，预计到 2020 年这一数字将增加 50 倍[13]。在能源部门，大量的能源生产和消费数据正在产生，能源系统正在数字化，新兴的信息技术日益渗透。大数据带来的创新正在改变传统能源行业的格局。目前，能源行业正面临着各种各样的挑战，如运营效率和成本控制、系统稳定性和可靠性、可再生能源管理、能源效率和环境问题、消费者参与和服务改善等。能源大数据分析为更好地应对这些挑战、实现智能能源管理提供了新的机遇。

特别是，伴随互联网技术和搜索引擎技术的发展，用户生成数据（网络大数据的一种）为能源价格研究提供了新的契机。互联网技术的快速发展使各种网络媒体、平台如雨后春笋般涌现，并成功吸引了投资者的关注。这些平台包含搜索引擎、新闻媒体、网络日志、论坛、微博等。投资者在这些平台上的浏览足迹可以客观地反映投资者的情绪、关注度，并可以通过技术手段进行捕获，进而产生很多文本的、图像的、视频的大数据。其中，来自搜索引擎的统计数据是最具说服力的数据[14]。第一，这些数据是时间序列，与来自在线平台的文本或图像形式的非结构化或半结构化数据相比，它们更易于处理。第二，搜索数据可以直接并且全面地捕捉投资者的网络关注度信息。

网络关注度已经逐渐成为原油价格的新兴影响因素。近年来原油市场的金融化改变了油价的走势和传统的油价驱动因素[15]。虽然供需因素仍然发挥着重要的作用，但投资者的关注可能会进一步影响原油价格波动，因为投资者的关注度可以有效地反映投资者的心理变化。这种关注实际上是一种稀缺的认知资源，因为对一项资产或一种商品所投入的注意力可以改变投资者的购买欲望及购买决策，进而影响到商品价格。

在以往的研究中，关于网络关注度对油价的影响机制研究是非常少的，因为关注度这一指标是很难量化的。近年来，随着大数据和互联网技术的发展，投资者在互联网上留下的网络搜索数据可以作为衡量投资者关注度的重要指标，为相关研究奠定了数据基础。本书基于多种类和多语言的网络搜索数据，研究了原油价格和网络关注度的联动机制，并提出了基于多种类和多语言网络搜索数据的原油价格预测模型。

1.1.2 研究意义

本书的理论意义可以从三个方面进行阐述。

第一，丰富了原油价格驱动因素研究。分析原油价格的驱动因素及其联动机制一直以来都是能源经济领域备受关注的重要议题。但是现有研究依然聚焦于原油市场和传统因素之间的联动机制，这些因素往往包含供需[16]、库存[17]、投机[18]、天然气价格[19]、股票价格[20]、汇率[21]等。而随着传感器技术、无线传输技术、网络通信技术、互联网搜索技术的发展，大数据已经融入能源经济的各个领域。分析原油价格和大数据之间的联动机制已经成为新兴的研究趋势。因此，本书可以丰富原油价格驱动因素及联动机制相关研究领域，尤其是将网络搜索数据这种大数据引入原油价格的联动机制研究中。

第二，丰富了原油价格预测理论研究。原油价格预测一直以来都是一项重要又颇具挑战的工作。以往的研究通常使用原油市场信息或宏观经济变量来预测原油价格。其中，原油市场信息往往包括原油库存[22]、原油生产和消费[23]、原油进出口[24]等。宏观经济变量通常包括汇率[25]、全球经济活动[26]、股票指数[27]等。尽管这些因素极大地提高了原油价格的预测精度，但是这些因素没有考虑人的因素，即投资者的情绪及关注度。而随着原油市场金融化，原油价格越来越受到投资者关注度的影响。大数据和大数据挖掘技术的兴起，使我们能够捕捉并量化投资者关注度。因此，本书可以丰富原油价格预测理论研究，尤其是将投资者网络关注度引入预测模型中。

第三，扩展了大数据的应用领域。随着计算机科学和互联网技术的飞速发展，海量的结构化和非结构化数据生成、被记录和存储，这些数据开启了大数据时代。迄今为止，大数据已经被广泛应用于科学、工程、卫生保健、管理、商业、旅游等领域[28]。但是在能源领域，大数据的应用研究尚处于起步阶段，现有研究主要关注将大数据应用于智能电网建设[13]或者电力价格预测[29,30]。在除上述之外的其他能源领域，尤其是原油市场研究与管理领域，大数据的应用还比较少。因此，本书可以扩展大数据的应用领域，尤其是将多种类、多语言的网络搜索数据充分应用于原油价格研究和预测。

此外，研究原油价格和网络关注度的联动机制，以及基于网络搜索数据的原油价格预测对国家、企业和投资者都具有重要的实践意义。

对国家来说，一是有助于完善我国原油期货定价机制。2018 年以人民币定价的原油期货在上海国际能源交易中心正式上市，这是我国争取原油定价权的重要决策，有助于我国原油期货建立科学的定价机制，对维护我国市场稳定具有重要意义。WTI 原油和 Brent 原油作为国际原油价格的标杆，其价格与我国原油期货价格存在显著联动关系[31]。因此，分析国际原油价格的影响因素、科学预测原油价格对我国原油期货定价有着重要参考价值。

二是有助于我国构建油价风险预警机制。我国是全球第一大原油进

4

口国和第二大原油消费国，经济发展对原油依赖程度高。为了保障我国原油进口需求，建立原油价格波动风险预警机制十分重要。了解原油价格的驱动因素及精准地预测原油价格，可以为油价风险预警机制的构建提供重要依据。

三是有助于我国针对油价波动风险，及时进行政策调整。例如，及时追踪原油价格的驱动因素变化，当预测油价上涨时，政府部门需要加大宣传节约用油、积极支持发展替代能源、增加原油库存等相应的政策调整。

对企业来说，有助于企业根据预测油价走势作出相应的企业管理、营销计划调整。原油价格的波动对上游企业和下游企业的影响是不同的。对原油的上游企业，当油价下跌时，销售相同数量原油的企业会因原油的价格降低而收入减少，导致企业利润下降。如果可以提前预测原油价格走势，相关企业就可以提前准备做好优化企业结构、压缩生产成本、提升管理技术等战略调整。对原油的下游企业，如物流和交通业，油价的下降能够降低企业的营运成本，相关企业可以根据实时的预测结果做好如加大技术投入、降低技术成本、扩大产业规模等战略调整。

对投资者来说，分析原油市场和网络搜索数据的联动机制可以帮助投资者分析突发事件对油价的影响，从而把握最新的投资机会。而利用网络搜索数据对原油价格预测，有助于投资者根据预期油价，及时有效地调整买入和卖出策略。

1.2 研究内容与框架

1.2.1 研究内容

本书研究在大数据背景下，网络关注度和原油价格的联动机制，并使用网络关注度指数进行原油价格预测研究。具体研究内容如下。

一是原油价格和网络关注度的频率联动机制研究。原油市场的金融化和网络化已成为原油市场的新特征。尤其是投资者的关注和偏好可以通过互联网迅速传递到原油市场。网络关注度已成为原油价格的新兴影响因素。了解原油价格和网络关注度的联动机制对原油市场研究者和投资者具有重要意义。本书使用频率因果检验方法来研究原油价格与网络关注度之间的联动关系。本书基于从谷歌趋势捕获的搜索量数据构建了五种网络关注度指数，即基础、供需、经济、战争和天气网络关注度指数。基于多种类的网络关注度指数，本书应用频率因果关系检验方法分别研究原油价格与各个网络关注度之间随频率变化的联动关系。

二是基于混合核极限学习机的原油价格预测。极限学习机（Extreme Learning Machine，ELM）模型已经被广泛用于经济预测研究，核极限学习机（Kernel ELM，KELM）作为 ELM 的一种改进形式，通过核函数代替 ELM 模型的随机映射，可以得到更稳定的输出的权值。但是，单一 KELM 模型的预测效果依赖核函数的选择，而全局性核函数和局部性核函数各有其优势和缺点。鉴于此，本书提出了一个新的混合 KELM 模型，并将其用于原油价格预测。该混合 KELM 模型兼具全局性核函数和局部性核函数的优点，同时具有很好的学习能力和泛化能力。此外，本书对比了三种滤波技术（HP 滤波、Hamilton 滤波和 BEMD 滤波）对混合 KELM 模型的改进效果。

三是原油价格和多语言网络关注度的动态、多尺度联动机制研究。随着互联网技术的发展，投资者的网络关注度已经成为影响原油价格的重要因素之一，分析投资者关注度和原油价格之间的联动机制对投资者和相关投资决策都有重要意义。本书发现来自不同国家的投资者有着不同的搜索语言偏好，单一的英语搜索数据不能捕捉到全面的投资者关注度信息，而且原油市场是一个十分复杂的系统，原油价格在不同时间或者不同尺度都呈现出不同的数据特征。因此，本章采用小波相干的方法研究不同语言的网络搜索数据和原油价格之间的动态、多尺度联动机制。

四是基于多语言网络关注度的原油价格预测模型。利用网络关注度进行原油价格预测已经成为一个热门的研究方向。现有的相关研究都局限于使用单一语言的搜索关键词（主要是英语）来搜集搜索量数据，造成所搜集的信息包含语言偏差。不同国家的投资者有着不同的搜索语言偏好，单一的英语搜索数据不能捕捉到全面的投资者关注度信息，因而本书构建了一个新的、多语言网络关注度驱动的原油价格预测方法。该多语言框架主要包括三部分内容：多语言索引构建、联动机制评估和原油价格预测。首先，基于多种语言的网络搜索数据构建了一个综合的多语言关注度指数，从而可以捕获全球投资者的关注信息。其次，通过一系列的统计检验，即相关性分析、协整检验和格兰杰因果关系检验，研究构建的多语言关注度指数与原油价格之间的关系。最后，以多语言网络关注度指数作为有效的预测指标，采用多种预测技术，例如计量经济学模型和人工智能模型，对原油价格进行预测。

1.2.2 研究框架

本书致力于研究原油价格和网络关注度的联动机制和基于网络关注度指数的原油价格预测。具体的章节结构如图 1.1 所示，技术路线如图 1.2 所示。

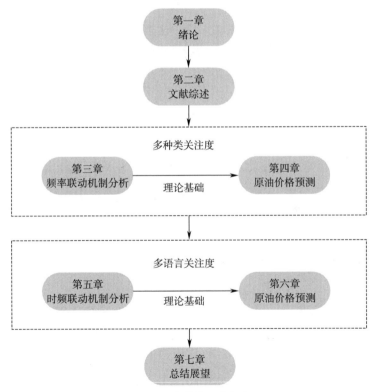

图 1.1 本书的研究框架

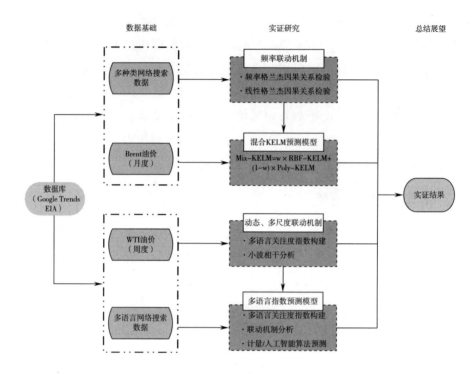

图 1.2　本书的技术路线

第一章绪论。这部分主要介绍本书的研究背景、研究意义、研究内容与框架、主要创新点与贡献等信息。

第二章文献综述。这部分主要对与本书内容相关的研究进行系统综述，具体内容包括四个部分：原油价格与其影响因素的联动机制研究综述；原油价格的预测研究综述；大数据的应用研究综述；网络搜索数据的应用研究综述。

基于对现有研究的梳理和归纳，本书将网络搜索数据作为衡量投资者网络关注度的重要指标，主要研究原油价格与网络关注度的联动机制，并利用网络关注度进行原油价格预测研究。在网络搜索数据的选择上，本书考虑了两种类型的网络搜索数据，即多种类的网络搜索数据和多语言的网络搜索数据。多种类的网络搜索数据指不同种类的关键词（如基础关键词、供求关键词、经济关键词、战争关键词和天气关键词）的网络搜索数据。基于多种类的网络关注度，完成了第三章（联动机制研究）

和第四章（原油价格预测）的内容。多语言的网络搜索数据指不同搜索语言的关键词的搜索数据。基于多语言的网络关注度，完成了第五章（联动机制研究）和第六章（原油价格预测）的内容。

第三章基于时频格兰杰因果检验的原油价格和网络关注度的联动机制研究。这一章首先构建了多种类型的网络关注度指数：基础指数、供需指数、经济指数、战争指数和天气指数。在此基础上，应用频率因果关系检验方法分别研究原油价格与各个网络关注度之间的随频率变化的联动关系。此外本章对比了频率因果关系检验的结果与普通线性格兰杰因果关系检验的结果，继而突出了频率因果关系检验方法在研究原油价格和网络关注度联动机制研究中的优势。

第四章基于混合核极限学习机的原油价格预测模型。这个章节基于第三章的实证结果，利用谷歌趋势提供的相关性关键词推荐功能，选择了更多的（32 种）基础关键词和经济关键词作为预测因子，提出了一个新的混合 KELM 模型，并将其用于原油价格预测。该混合 KELM 模型兼具全局性核函数和局部性核函数的优点，同时具有很好的学习能力和泛化能力。此外，本章对比了三种滤波技术（即 HP 滤波、Hamilton 滤波和 BEMD 滤波）对混合 KELM 模型的改进效果。

第五章原油价格和多语言网络关注度的动态与多尺度联动机制研究。考虑到不同国家的投资者具有不同的搜索语言偏好，单一的英语搜索数据不能捕捉到全面的投资者关注度信息的情况，筛选出了多种语言的网络搜索数据，且采用小波分析的方法研究并对比了不同语言的网络关注度和原油价格之间的动态、多尺度联动机制。

第六章基于多语言网络关注度的原油价格预测。这一章节的目的是通过实证研究证明多语言的网络搜索数据对原油价格的预测效果。这一章节基于不同语言的网络搜索数据，构建了一个新的、多语言网络关注度驱动的原油价格预测方法。该多语言框架主要包括三部分内容：多语言网络关注度指数构建、联动机制评估和原油价格预测。最后，将多语言网络关注度驱动的原油价格预测方法和不添加网络关注度，或仅添加单一语言的网络搜索数据的预测方法进行了对比，进而突出多语言网络关注度驱动的原油价格预测方法的优势。

第七章总结与展望。这一章节主要对第三至第六章对应的四个实证研究得到的主要结论进行系统的总结与归纳，并且基于本书研究存在的不足，提出了未来研究需要改进的具体方向。

1.3　主要创新点与贡献

本书旨在分析多语言、多种类网络关注度与原油价格之间的联动机制，并基于多语言、多种类网络关注度提高国际原油价格预测水平。在联动机制方面，分别研究油价和多种类网络关注度的频率格兰杰因果关系，以及油价与多语言网络关注度的时频联动机制。在原油价格预测方面，本书基于联动机制分析结果，一方面将多种类网络关注度作为预测因子，提出了一个新的混合 KELM 模型以提高油价预测水平；另一方面将多语言网络关注度作为预测因子，基于多种计量及人工智能模型提高油价预测水平。本书的创新点与贡献总结如下。

基于时频格兰杰因果检验的原油价格和多种类网络关注度的联动机制研究。该研究的主要创新点为：不同于以往线性以及固有尺度的原油价格与网络搜索数据之间的联动机制分析，其基于五类网络搜索数据，构建了五个网络关注度指数，并分析它们与原油价格之间的多尺度因果关系。该研究的主要贡献可以概括为：首次研究原油价格与网络搜索数据之间在不同频率上的因果关系。与以往的线性研究相比，捕捉了原油价格与网络关注度之间的线性和非线性联动机制；基于不同频率下的实验结果，该研究可以为原油市场研究学者和投资者提供重要的启示与建议。

引入多种类网络关注度作为预测因子，基于混合核极限学习机的原油价格预测。该研究的主要创新点为：不同于现有研究中使用单一 ELM 模型或 KELM 模型进行原油价格预测，其提出了一个新的混合 KELM 模型。该混合 KELM 模型兼具全局性核函数和局部性核函数的优点，同时具有很好的学习能力和泛化能力。该研究的主要贡献可以概括为：基于两种不同类型的核函数，提出了一个新的混合 KELM 模型，并将其运用于原油价格的预测研究；此外，还引入并对比了三种滤波（HP 滤波、Hamilton 滤波和 BEMD 滤波）技术对混合 KELM 模型的改进效果。

原油价格和多语言网络关注度的动态、多尺度联动机制研究。该研究的主要创新点为在现有研究只关注英语搜索数据的情况下，该研究首次研究和对比不同语言的网络搜索数据和原油价格之间的联动机制；在现有研究普遍只关注静态、固定尺度联动机制的情况下，首次研究原油市场和网络关注度的动态、多尺度联动机制。该研究的主要贡献是：根据各国原油生产和消费占比和谷歌市场占有率，筛选了七种重要的语言，并提取与之对应的网络搜索数据。通过小波相干性分析方法研究和对比了不同语言的关注度与原油价格之间动态、多尺度的联动机制。

基于多语言网络关注度的原油价格预测模型。该研究的主要创新点为：基于不同语言的网络关注度指数，首次构建了多语言网络关注度指数，并将其用于原油价格预测。与现有模型相比，该研究的主要贡献可以归纳为以下两个方面：首次将多语言网络关注度指数应用于预测的研究；在多语言框架下，将多语言网络关注度指数用于原油价格原油价格预测，并且与现有的基础预测模型（不使用网络搜索数据的模型）和单语言的模型（使用单语言网络搜索数据的模型）进行了比较，进而凸显本书提出的多语言网络关注度指数驱动的原油价格预测模型的优势。

第二章　文献综述

2.1　原油价格与其影响因素的联动机制研究

2.1.1　原油市场和原油价格

原油是储藏在地底的一种重要液体能源，经过处理之后可以产生很多重要的燃料，这些燃料成为工业生产和交通运输必不可少的动力。这些燃料不仅包括汽油、柴油和航空燃油等交通燃料，还包括用于加热和发电的燃料油。根据美国能源信息署（Energy Infomation Administration，EIA）数据统计，经过炼油处理，每桶原油（42 加仑）可以产生 45 加仑的汽油产品。2017 年，美国消耗了 73 亿桶原油。其中，47% 用于汽油，20% 用于取暖油和柴油，8% 用于航空燃料。

原油价格波动对世界经济影响重大，经常被视为全球经济衰退和通货膨胀的晴雨表。例如，原油价格上涨，会推高汽油、柴油等其他燃料的价格，进而推高相关上下游行业的生产成本。原油价格可以影响 96% 的运输行业，43% 的工业产品，21% 的住宅和商业使用和 3% 的发电行业。总之，高油价会增加其他商品的价格或相关企业的运营成本，甚至会导致通货膨胀。

近年来，国际原油市场趋于金融化。原油衍生品作为一种金融资产，正被包括对冲基金、养老基金、保险公司和散户投资者等越来越多的市场参与者所接受[32]。有明显的证据表明，自 2003 年以来，金融投资者开始热衷于投资，目前原油相关的金融衍生品已经成为交易量最大的大宗商品，投资份额占所有大宗商品的 15%[33]。此外，金融化后的原油价格和金融资产价格呈现显著的联动机制。例如，有文献[34]研究发现原油期货收益与美国股票指数收益之间的条件相关性近年来有所增加，特别是在原油价格的高波动时期。

西得克萨斯中质（West Texas Intermediate，WTI）原油和英国北海布伦特（Brent）原油是两种世界上最重要的原油类型。WTI 原油重量轻、含硫量低，具有很高的品质。这些特性使它成为制造汽油的极佳原料，WTI 原油也成为美洲原油的主要基准。Brent 原油是出产于北海 15 个不同油田的原油组合。它比 WTI 原油略重，但仍然非常适合制造汽油等燃料。Brent 原油是在欧洲西北部进行提炼的，是欧洲（或非洲）原油的主要基准。

原油的市场定价都是以世界各主要产油区的标准油为基准。例如，所有美洲本土生产或者出口到美洲的原油，在计价时都是以 WTI 原油作为基准的。同样，Brent 原油是欧洲或非洲原油的主要基准，由于美国页岩油开采技术的发展，WTI 原油的价格有低于 Brent 原油的趋势。在此之前，Brent 原油往往比 WTI 原油便宜。但是，在"美国页岩革命"时期（2014 年夏季到 2015 年春季），页岩油产量的增加导致 WTI 油价从 100 美元/桶以上跌至 50 美元/桶以下。

2.1.2　原油价格的影响因素

作为工业血液的原油，其价格受到很多复杂因素的影响。传统公认的重要因素包含供需因素、库存因素、经济因素、金融因素、地缘政治因素和极端事件、天气因素、投机行为等。随着原油市场金融化以及互联网技术的快速发展，投资者情感和关注度也成为原油价格的新兴驱动因素。

（1）供需因素。

供需因素是决定原油价格的基本面因素。例如，随着原油需求的上升，短期内供应可能不够灵活，无法跟上需求激增的步伐，在这种情况下就会导致原油价格的上涨[35]。反之，随着原油需求的下滑，过剩的原油生产则会导致原油价格下降。从供应端来看，原油输出国组织（Organization of the Petroleum Exporting Countries，OPEC）成员国共控制全球约三分之二的原油贮备，这也是它们能够在全球原油市场发挥主导作用、控制原油价格的主要原因[36]。OPEC 通过设定生产目标来积极管理成员国的原油生产：从历史上看，当 OPEC 降低产量目标时，原油价格就会上涨。OPEC 成员国生产的原油约占全球的 40%。对全球油价同样重要的是，OPEC 的原油出口约占国际原油贸易总额的 60%。由于这种市场份额上的优势，OPEC 的一些生产调整和政策变化能够影响国际原油价格。特别是，OPEC 最大产油国——沙特阿拉伯的原油产量变化，常常会影响国际原油价格波动。尽管 OPEC 努力管理生产和维持目标价格水平，成员国并不总是遵守该组织制定的生产目标。成员国不愿维持产量目标，可能会影响油价。此外，意外生产中断可能会降低 OPEC 的产量。中断的程度、发生的速度以及恢复产量的不确定性对油价有相当大的影响。油价的走势不仅取决于当前的供求关系，还取决于未来的预期供求关系。OPEC 根据当前和对未来供需的预期调整成员国的产量目标。然而，在市场环境不确定且变化迅速的情况下，评估未来的供需状况尤其具有挑战性。OPEC 调整产量目标以应对市场状况，也可能存在明显的滞后，这也会对原油价格造成冲击。

从需求端来看，经济合作与发展组织（Organization for Economic Co-operation and Development，OECD）对原油的消费需求也会影响原油价格波动。OECD 由美国、欧洲大部分国家和其他发达国家组成。2010 年，这些大型经济体的原油消费占世界原油消费的 53%，比非 OECD 消耗的原油更多，但 OECD 的原油消费增长幅度要比非 OECD 国家低得多。例如，在 2000—2010 年，OECD 成员国的原油消费实际上下降了，而那些不属于 OECD 的发展中国家的原油消费却急剧增加（同期增长了 40%）。在非 OECD 成员国中，中国、印度和沙特阿拉伯在此期间的原油消费增长最快。当原油的消费需求强劲增长时，原油价格往往会跟着上涨。

（2）经济因素。

经济因素包含经济增长和经济结构，被广泛认为是原油价格的重要影响因素。一般来说，经济因素通过影响需求进而影响原油价格走势：经济繁荣时期，往往伴随原油需求量增加，此时即使供给不变，油价也会随经济周期的上行而上升。同样，原油价格也会伴随经济衰退而下降。

一些经济学家认为原油泡沫不仅是投机造成的，它可能与新兴国家的消费等经济因素息息相关[37]。

当前和预期的经济增长水平严重影响着全球原油需求和油价。特别是商业和个人运输活动都需要大量的原油，而且直接与经济条件有关。许多制造过程消耗原油作为燃料或使用它作为原料，在一些非 OECD 国家，原油仍然是发电的重要燃料。由于这些用途，经济迅速增长的同时会带动原油需求的强劲增长，最终导致原油价格上涨。

经济结构也会影响到原油价格的波动。例如，在发展中国家，制造业所占的比例往往较高，而制造业比服务业的能源密集程度也更高。虽然在发展中国家，运输用油通常只占原油总消耗量的一小部分，但随着经济的发展，运输货物和人员的需求增加，运输用油往往会迅速增加。例如，在发展中国家，人均汽车拥有量快速增长，并且还有很大的增长空间。由于这些原因，发展中国家的经济结构和经济增长往往是影响油价的一个重要因素。

（3）库存水平。

库存是调节原油供需之间的平衡因素。当生产超过消费时，原油和原油相关产品可以被存储起来供未来使用。例如，在 2008 年底和 2009 年初的经济衰退时期，骤然间的全球需求下降导致美国和其他 OECD 国家原油库存激增。相反，当消费超过当前生产时，供应商可以通过打开库存，以满足消费者的需求。鉴于供给和需求的不确定性，原油库存往往被视为一种预防措施。

原油库存在一定程度上可以缓冲供应和需求的变化，因此库存量也能驱动原油价格波动。库存使生产商能够利用储备供应来应对供应和需求的意外冲击。因此，原油库存作为供应的一个组成部分，反映了市场对油价波动的抗压能力，并能很好地反映油价变化。例如，OPEC 成员国在 2006 年第四季度减产的决定降低了库存水平，并导致美国油价在第四季度平均维持在每桶 60 美元左右。原油库存对油价的影响是复杂的，当期货价格远高于现货价格时，原油公司倾向于增加商业库存，减少当期供应，从而刺激现货价格上涨，期货现货价差减小；当期货价格低于现

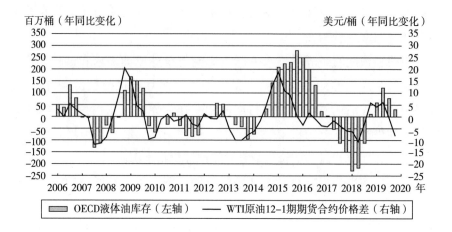

百万桶（年同比变化）　　　　　　　　　　　　　　　　美元/桶（年同比变化）

图 2.1　原油库存和 WTI 期货价格之间的关系

（资料来源：EIA[33]）

货价格时，原油公司倾向于减少商业库存，增加当期供应，从而导致现货价格下降，与期货价格形成合理价差。

（4）金融因素。

伴随着原油市场的金融化，原油在大宗商品投资中占有重要地位。例如，根据 EIA 数据统计[33]，原油产品占所有大宗商品投资的 15%（其中 WTI 原油占 7.7%，Brent 原油占 7.3%）。其中，汇率是影响原油价格的重要因素。由于国际原油交易主要以美元标价，美元汇率直接影响世界范围内的原油价格。当美元升值时，原油价格面临下跌压力；反之，美元的贬值则意味着原油价格上涨。

原油作为大宗商品的一种，其价格波动与其他大宗商品的价格波动存在波动溢出效应，即原油价格也会受到其他商品的股票价格或者股指的影响。图 2.2 展示了不同大宗商品的价格和原油价格之间的相关性，可以发现原油价格在近 10 年来都与其他大宗商品价格呈正相关性。然而，相关性并不等同于因果关系，原油与其他金融市场之间的关系是复杂的。也就是说，即使观察到相关因素的变动，原油价格变动与其他资产类别价值变动之间的影响仍不清楚。例如，高相关性可能是与第三个共同因素（如经济增长预期）之间的更主要的关系引起的。此外，金融市场还有能力通过投机活动来改变油价[15]。这种投机行为可能会导致交易员提高或降低油价，以从购买的合约中获得预期利润。

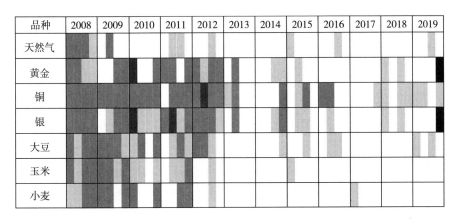

图 2.2　原油价格和其他大宗商品价格之间的关系

(资料来源：EIA[33])

（5）地缘政治因素和极端事件。

地缘政治因素和极端事件同样会影响原油价格。图 2.3 是 EIA 统计的影响原油价格波动的一些重大地缘政治因素和极端事件。可以发现，每当一个主要原油生产国受到政治冲突的影响，该国继续生产原油能力就会受到影响，进而影响到原油价格。例如，2001 年的"9·11"恐怖事件、2004 年的伊拉克战争、2011 年的利比亚战争都是油价上涨导致的重大政治事件，因为军事冲突和恐怖袭击影响了国家的原油生产能力，同时也加剧了民众的恐慌，造成原油市场的动荡。此外，突发经济事件如经济危机，也是原油价格波动的重要驱动因素，例如，1997 年的亚洲金融危机、2008 年的国际金融危机都造成了原油价格的大幅下降。再例如，2020 年 3 月，OPEC 与俄罗斯新一轮减产谈判破裂，俄罗斯拒绝承担减产份额，随后沙特阿拉伯迅速启动"价格战"，导致原油价格下跌 30% 至30 美元/桶附近，创近年来历史最低。

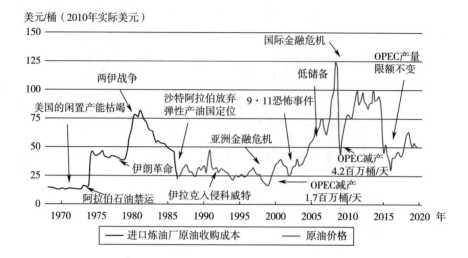

美元/桶（2010年实际美元）

图2.3 影响原油价格的重大地缘政治因素和极端事件

（资料来源：EIA[33]）

（6）天气因素。

极端天气会对全球原油价格产生重大影响，因为环境会极大地改变原油的供应能力。例如，在 2004 年，许多毁灭性的飓风（如飓风 Francis、Rita 和 Ivan）袭击美国东南海岸，这些飓风破坏了原油供应设施和运输管道，打破了美国原有的供需平衡，造成原油产量减少，进而导致原油价格提高。2011 年密西西比河洪水也导致了油价的上涨，因为洪水会损害炼油厂的生产和运输。此外，严寒天气会令原油产品市场吃紧，因为生产商试图在短时间内向消费者供应足够的产品，如取暖油，从而导致价格上涨。

（7）投机行为。

文献[38]认为，任何购买原油不是为了当前消费，而是为了未来使用的人，从经济学角度来说，都是投机者。所有投机性购买原油的行为都有一个共同点，那就是购买者预期油价会上涨。投机性购买可能涉及购买原油进行实物储存，从而导致原油库存的积累，也可能涉及购买原油期货合约。这两种策略都将使投资者在原油未来价格变化中发挥作用。很明显，以这种方式定义的投机行为不会在道德上受到谴责。事实上，投机可能具经济意义，而且是原油市场运转的一个重要方面。例如，原油公司在原油供应中断的预期下囤积原油。这个决策是完全合理的，因为这些库存有助于原油公司顺利生产汽油等成品油，而且这样可以激励并促进更多的原油勘探和生产。

在真实的市场中，投机行为往往是过度的。过度投机也可以被定义为从个人的角度来看是有益的，但从社会的角度来看是无益的投机。过度投机者热衷于短线交易，借暴涨暴跌之势，通过炒作谋求暴利。不管是为了生产经营的投机行为，还是为了赢取暴利的投资行为，都会改变真实的原油供求关系或者期货的供求关系，进而改变原油现货或期货价格。

（8）投资者情感和关注度。

随着原油市场金融化以及互联网技术的快速发展，投资者情感和关注度也成为原油价格的新兴驱动因素。近年来，指数和对冲基金管理公司都增加了能源大宗商品的持有量，表明它们在投资组合选择中越来越多地涉及原油市场。寻求理性优化投资组合的投资者必须要了解情绪和关注度对原油价格的影响。一方面，文献[39]指出，投资者情绪是一种基于投资者对资产未来现金流和投资风险预期的信念，尽管这种信念并不能反映当前的事实，但是却能够影响股票价格，当然也包含原油的股票价格；另一方面，原油市场的投资者在做投资决策之前往往倾向于在互联网上搜索对投资有帮助的信息，这些网络搜索数据会影响他们的购买行为，进而影响原油价格波动[40]。

2.1.3 原油价格与影响因素的联动机制研究

研究原油价格与其他因素的联动机制或者波动溢出效应，对充分了解原油价格波动、投资风险控制、确定最佳投资组合至关重要。近年来，研究原油价格与其他市场（或因素）联动机制已经成为能源经济领域的重要议题。

供需关系作为原油价格最原始的驱动力，对油价的影响机制受到了很多学者的关注。例如，文献[35]提出了一个原油市场弹性的新的估计方法，并将其嵌入结构向量自回归（Structural Vector Autoregression，SVAR）模型中，分析了供需因素对原油价格的影响机制。文献[41]分析了2015年原油价格走势并认为供需基本面宽松是2015年油价下跌的根本原因，且这种格局目前仍在继续，原油供需重归平衡需要一定时日，原油行业应做好长期寒冬的准备。文献[42]分析了世界原油的供需态势，认为国际原油价格的飙升是多种因素交互作用的合力结果。文献[43]利用产品划分模型，对历史油价及相关影响变量的突变进行识别和分析，结果显示1999年第二季度原油价格发生突变的真实原因是原油供需关系的失衡。

原油价格和库存之间联动机制也引起了国内外研究者的充分关注。例如，文献[44]基于存储理论模型，发现原油库存与其期现货价格相关性较低，但是却与调整价差相关性较高；而且这种影响存在滞后性，即本期的调整价差受到对下一期原油库存预期的影响；通过格兰杰因果关系检验，证明原油库存和调整价差之间存在双向显著的格兰杰因果关系。文献[22]证明短期原油价格和库存之间的关系是非线性的。该研究构建了两个非线性库存变量：一个表示低库存状态，另一个代表高库存状态，来探索原油价格和库存之间的非线性关系。文献[45]研究了EIA库存报告公告对原油期货价格波动的影响。结果显示：库存信息冲击对原油收益具有显著的负向影响，尤其是当库存信息冲击为负时；库存信息冲击改变了原油日价格水平，但不影响原油价格日条件波动；库存冲击的影响在快速增长时期减弱，在急剧下跌的市场中消失。

关于原油价格与经济或金融因素之间的联动机制研究是最多的。其中，经济增长是经济因素的重点研究指标，例如，文献[46]采用自回归分布滞后（Autoregressive Distributed Lag，ARDL）模型研究了太平洋岛国的经济增长与原油价格之间的关系。结果表明：油价、国内生产总值、国际储备之间存在协整协整关系；无论是在长期还是短期，都可以检测到从油价、国际储备到经济增长的单向因果关系。文献[47]利用指数广义自回归条件异方差（Exponential Generalized Autoregressive Conditional

Heteroscedastic，EGARCH）模型，研究了 2000—2008 年日本原油价格与经济增长的关系。实证结果表明，经济增长率格兰杰引起了原油价格的均值和方差变化，原油价格同样格兰杰引起了经济增长率的均值和方差变化。汇率水平与原油价格之间的联动机制也受到了广泛的关注，例如，文献[21]利用协整模型、向量自回归（Vector Autoregressions，VAR）模型、自回归条件异方差（Autoregressive Conditional Heteroscedastic，ARCH）模型等计量经济学手段，以及新提出的风险中的格兰杰因果关系检验的方法，来研究美元汇率和国际油价之间的波动溢出效应。文献[7]采用广义自回归条件异方差（Generalized Autoregressive Conditional Heteroscedastic，GARCH）模型和 EGARCH 模型研究了印度原油价格和汇率之间的联动关系。文献[48]利用小波分析方法对原油价格与美元汇率之间的多尺度联动机制进行了分析。文献[49]利用非趋势相关的互相关分析，研究了油价与美元汇率之间的关系。其他市场股票价格与原油价格之间的波动溢出效应研究受到了很大的专注。例如，文献[50]利用带有附加回归量的协整向量误差修正模型，分析了 1971—2008 年世界原油价格与国际股票市场的长期关系。文献[51]采用马尔可夫状态变换模型研究了海湾合作委员会的股票收益与 OPEC 国家的原油波动率之间的联动机制。文献[52]使用阈值协整检验，探讨了 2003 年 1 月 2 日至 2011 年 7 月 29 日国际原油价格与印度股市在多元框架下的非线性协整关系。

　　地缘政治因素是难以量化的，因此现有研究主要分析地缘政治事件前后，原油市场或者原油价格的变化情况。例如，文献[53]使用基于单位根和分数积分的方法，分析了 WTI 油价在第二次世界大战后不同的军事冲突和政治事件前后的表现。也有研究把地缘政治事件当作虚拟变量引入计量模型中，例如，文献[54]将一系列地缘政治因素当作虚拟变量，引入自回归滑动平均（Auto Regressive and Moving Average，ARMA）模型中，深入探讨了武装冲突和国内冲突与油价之间的关系。随着大数据技术的发展，出现了一些新的研究方向，如通过文本挖掘或者大数据抓取技术，分析特殊地缘政治因素新闻和搜索量与原油价格的联动机制。例如，文献[55]通过对一系列不同类型的关于地缘政治的全球新闻进行情绪评分，进而分析其对原油价格的影响机制。文献[56]利用战争相关关键词的互联网搜索数据，分析了四类原油相关事件（包含战争）对原油价格波动的影响。

和地缘政治因素一样，极端天气也是难以量化的，现有研究往往以定性研究为主。例如，文献[57]结合现实案例，充分分析了极端天气变化如何影响原油和天然气的开采、运输、加工和交付，进而影响到原油价格波动，以及相关行业如何适应或减轻任何不利影响，因为这对原油以及天然气行业的供应安全至关重要。和地缘政治因素类似，也可以通过互联网搜索数据量化天气因素，进而分析极端天气对原油价格的影响。例如，文献[58]利用网络搜索数据对极端天气进行了量化，并将其作为原油价格预测的重要指标。

近年来，学者越来越关注原油价格与投机行为的联动机制研究。例如，文献[59]应用结构断点检验方法和回归模型，对 2000 年 1 月至 2013 年 9 月的 WTI 原油期货价格进行建模，证明所构建的四个投机指标（投机压力指标、投机规模指标、短期投机指标和过度投机指标）对原油价格波动有显著的影响。文献[60]通过对原油消费、原油生产部门构建动态一般均衡模型，获得 WTI 原油价格对各种随机冲击的脉冲的响应，证明了原油市场的投机需求冲击对原油价格的初始影响效应较大，但冲击持续时间较短。文献[61]提出了一个以套利者和投机者活动为中心的原油期货定价模型，实验结果显示：在 2008 年原油价格大幅上涨和下跌期间，套利活动的有效性有所下降。在同一时期，投机在原油价格的决定中发挥了更大的作用。文献[62]从贸易中介视角，分析了影响原油价格波动的投机因素及其对原油价格的影响机制。

2.2　原油价格预测研究

2.2.1　原油价格预测研究现状

由于原油价格预测是能源经济领域中的重要议题，现有相关文献也是非常多的。在数据搜集过程中，本书选择 Web of Science 数据库，检索的关键词是"oil price"AND"forecast"OR"predict"，检索时间范围是1950—2020 年。初步得到的检索结果数量是非常庞大的，共检索到1886935 篇文章，但是本书发现很多文章并不相关。因此本书按照相关性对所有文章进行排序，进行二次筛选，最终得到了 460 篇关于原油价格预测的文章。

2.2.2　原油价格预测研究方法

原油作为战略商品之一，在影响世界经济和宏观经济因素如通货膨胀、经济衰退、国内生产总值、利率、汇率等方面起着至关重要的作用，因此，对原油价格可靠和高度准确的预测，对政策制定者来说非常重要。为此，研究者尝试了多种技术来预测原油价格的波动。其中，最受欢迎的传统方法是计量经济学模型。此外，伴随着计算智能的发展，人工神经网络和模糊专家系统等人工智能方法也得到了广泛的应用，结果甚至比传统方法更灵活和准确。然而，对于哪种方法更可靠还没有一个普遍的共识。

在最初的原油价格预测工作中，计量经济、统计模型是最主要的预测手段，这些模型以时间序列模型为主。时间序列模型通过原油价格的历史数据预测未来的价格。在这些模型中，未来的价格行为是从其自身的历史数据中推导出来的。时间序列模型中 ARIMA 和 ARCH/GARCH 族模型是最受欢迎的方法。ARIMA 模型是早期原油价格预测的经典时间序列模型。例如，文献[63]基于 1970 年至 2006 年的数据，使用 ARIMA 模型来预测 WTI 原油价格。结果表明：该模型能够较好地描述和预测原油的年平均价格，具有较好的逼近能力和预测性能，尤其适用于短期预测。同样，文献[64]基于 ARIMA 模型对 2012 年 11 月至 2013 年 4 月的布伦特原油价格进行了分析和预测，结果发现 ARIMA（1，1，1）模型具有较好的预测效果，可以作为国际原油价格的短期预测工具。

GARCH 模型种类繁多，并且已经成为原油价格预测中最受欢迎的时间序列模型。例如，文献[65]考察了几种 ARIMA – GARCH 模型对 11 个国际原油现货价格的条件均值和波动的建模及预测的有效性。特别地，该研究对比了四种 GARCH 模型（GARCH、EGARCH、APARCH 和 FI-GARCH）的样本外预测性能。预测结果比较复杂，但在大多数情况下，APARCH 模型优于其他模型。文献[66]首先证明了 GARCH 模型在原油价格预测中的优势，并进一步证明了 FIGARCH 和 CGARCH 比传统 GARCH 模型以及 IGARCH 模型预测效果更好。文献[67]对比了 GARCH、EGARCH、APARCH 和 FIGARCH 模型，证明 APARCH 在油价预测中表现最好。文献[68]比较了包含 GARCH、APRARCH、FIGARCH、FIAPGARCH（服从 T 分布和正态分布两种情况）模型对原油价格（包含 WTI 原油和 Brent 原油）的预测性能。该研究使用了 1993 年 1 月 4 日至 2008 年 12 月 31 日的每日 WTI 原油和 Brent 原油现货价格数据，分别估计 5 天、20 天、60 天和 100 天的样本外预测精度。结果表明：对于 Brent 原油，FIAP-GARCH 模型在 5 天和 20 天的水平预测中表现更好，而 APARCH 模型在 60 天和 100 天的水平预测中表现更好；对 WTI 原油价格，服从 T 分布的 FIAPARCH 模型在样本外波动率预测有最高的准确性；根据不同的事件时间范围和原油价格种类，该研究得到了混合的结果。此外，统计模型中马尔可夫转换模型通过与时间序列模型结合，在原油价格预测中得到了广泛的应用。例如，文献[8]使用一种半参数的马尔可夫转换 AR – ARCH 模型预测 OPEC、WTI 和 Brent 原油价格。在合理选择核心函数的基础上，该研究将采用的模型与 ARIMA 模型和 GARCH 模型在样本内和样本外的预测能力进行了比较。以 2010 年 4 月 1 日至 2015 年 12 月 31 日为样本内区间，以 2016 年 1 月 4 日至 2016 年 12 月 15 日为预测评价的样本外区间。结果表明，在样本内和样本外步长（提前 1 步、5 步、10 步和 22 步）上，半参数马尔可夫转换模型比 ARIMA 和 GARCH 模型更准确地预测了原油价格。文献[69]将隐马尔可夫转换模型和 EGARCH 模型结合，采用 HM – EGARCH 模型预测原油价格，并证明 HM – EGARCH 模型在预测表现上优于常规 GARCH 模型、马尔可夫转换模型以及其他具有隐马尔可夫状态的模型。

表 2.1　　　　　　　基于计量模型的原油价格预测研究案例

文献	预测目标	预测数据区间	预测模型
[63]	WTI	1970—2006	ARIMA
[64]	Brent	2012.11—2013.04	ARIMA
[65]	11 种原油离岸价格	1997.01.02—2009.10.03	ARIMA – GARCH
[66]	Brent, Dubai, WTI	1992.01.06—2006.12.29	GARCH, CGARCH, IGARCH, FIGARCH
[67]	Brent, WTI	1992.01.06—2009.12.31	GARCH, IGARCH, GJR, EGARCH, APARCH, FIGARCH, FIAPARCH, HYGARCH
[69]	WTI, 大庆原油	2008.01.03—2018.01.25	HM – EGARCH
[70]	Brent	2009.12—2017.06	ANFIS, ARFIMA, Markov – Switching
[71]	WTI	2000—2015	WPD – EMD – ARMA – FIGARCH – M
[68]	Brent, WTI	1993.01.04—2008.12.31	GARCH, APRARCH, FIGARCH, FIAPGARCH
[72]	Brent, WTI	1986.01.02—2017.06.30	GARCH, GJR – GARCH, EGARCH, MMGARCH, MRS – GARCH

注：CGARCH（Component GARCH，成分 GARCH）；IGARCH（Integrated GARCH，单整 GARCH）；FIGARCH（Fractionally Integrated GARCH，分整 GARCH）；GJR（Glosten – Jagannathan – Runkle）；FIAPARCH（Fractionally Integrated Asymmetry Power ARCH，分整不对称功率 ARCH）；HYGARCH（Hyperbolic GARCH，双曲线 GARCH）；EGARCH（Exponential GARCH，指数 GARCH）；ANFIS（Adaptive Neuro Fuzzy Inference System，自适应神经模糊推理系统）；WPD（Wavelet Packet De – noise，小波包降噪）；EMD（Emperical Mode Decomposition，经验模态分解）；ARFIMA（Autoregressive Fractionally Integrated Moving Average，分整自回归移动平均）；MMGARCH（Mixture Memory GARCH，混合记忆 GARCH）；MRS – GARCH（Markov Regime Switching GARCH，马尔可夫机制转换 GARCH）。

　　传统计量经济模型只能有效地解决线性或近线性问题，不能解决符合实际情况的复杂非线性时变问题。与传统方法相比，人工智能技术能够更有效地处理复杂问题，因此在近些年被广泛用于原油价格预测研究。表 2.2 列出了一些典型的应用人工智能算法进行原油价格预测的研究。

表 2.2   基于人工智能算法的原油价格预测研究案例

文献	预测目标	预测数据区间	预测模型
[24]	WTI	1986.01—2016.05	NN
[40]	Brent	2013.07.07—2018.06.25	BPNN/SVR/RVFL/ELM
[58]	WTI	2004—2016	BEMD – ELM
[73]	WTI	1986.01.02—2016.06.06	EEMD – RVFL
[74]	WTI	2013.01.02—2013.12.10	EEMD – PSO – LSSVR – GARCH
[75]	不同原油的离岸价格	2000.01—2010.04	NN
[76]	Brent	2001—2010	FL – ANN
[77]	大庆、胜利原油价格	2003.01—2009.12	NN
[78]	WTI	1970.01—2003.12	SVR
[79]	WTI 和 Brent	1986.01.01—2006.09.30	EMD – ANN
[80]	WTI	2008.01.02—2015.08.24	LSSVR
[81]	Cushing, Oklahoma 原油期货	1983.04.04—2017.10.31	DFN – BP/DFN – RBF/ DFN – ELM
[82]	WTI	1988.01—2010.03	HTW – MBPNN
[83]	WTI	2008.02.01—2015.12.31	WNN

注：NN（Neural Network，神经网络）；BPNN（Back Propagation Neural Networks，反向传播神经网络）；SVR（Support Vector Machine，支持向量机）；RVFL（Random Vector Functional Link Network，随机向量功能链接网络）；EEMD（Ensemble EMD，集合经验模态分解）；PSO（Particle Swarm Optimization，粒子群算法）；LSSVR（Least Square Support Vector Regression，最小二乘支持向量机）；FL（Fuzzy logic，模糊逻辑）；RBF（Radial basis function，径向基函数）；DFN（Data Fluctuation Network，数据波动网络）；HTW – MBPNN（Harr a Trous Wavelet Multilayer back Propagation Neural Network，小波多层反向传播神经网络）；WNN（Wavelet Neural Network，小波神经网络）。

　　研究发现，在诸多的人工智能算法中，NN 和 SVR 成为了原油价格预测的流行模型。分析近年来的研究趋势发现，得益于其较强的模式分类能力和模式识别能力，NN 模型（包含 BPNN、ELM、WNN、RVFL 等模型）在原油价格预测中得到了广泛的应用。例如，文献[82]结合 BPNN 动态特性和近年来新提出的一种小波分解方法 HTW，提出了一种混合模型 HTW – MPNN，实现了对原油价格的更为准确的预测。此外，为了测试该模型的灵活性，作者还使用了三种激活函数，即 sigmoid、双极 sigmoid 和双曲正切激活函数。实验证明所提出的 HTW – MPNN 比传统的 BP 模型具有更好的性能。文献[83]提出了一种新的神经网络模型，该模型将小波神经网络与随机时间有效函数相结合。小波神经网络是一个具有强非线性逼近能力的预测系统，利用随机时间有效函数来表示历史数据对当前市场的不同影响，赋予历史数据时变权值，使其对小波神经网络的训练过程产生不同的影响。该研究对原油价格和 WTI、Brent 原油的移动平均绝对收益序列进行了实证研究。实证结果表明，与传统的 BPNN、SVR 和 WNN 模型相比，该模型具有更高的原油价格波动预测精度。文献[40]分别将四种人工智能算法（包含 BPNN、RVFL、ELM 和 SVR 模型）用于原油价格预测，该研究证明了在不同技术下，多语言的网络关注度指数的预测效果都优于单一语言的网络搜索数据。

与 NN 模型相比，SVR 模型具有更坚实的数学理论基础，可以有效地解决有限样本条件下的高维数据模型构建问题，并具有泛化能力强、维数不敏感、收敛到全局最优等优点。而 SVR 模型（包含 LSSVR 模型）也在原油价格预测中充分证明了其预测能力。例如，文献[78]提出了一种基于支持向量机的原油价格预测方法，并将其性能与 ARIMA 和 BPNN 进行了比较。实验结果表明，支持向量机优于其他两种方法，是一种较好的原油价格预测方法。文献[80]基于 LSSVR 模型参数敏感性强和训练时间长的缺点，将建模者自定义的参数视为不确定（或随机）因素来构建 LSS-VR 集成学习范式。该研究以 WTI 原油现货价格为例进行计算实验，证明了与现有的 LSSVR 模型相比，所提出的不确定参数的 LSSVR 集成学习范式在预测精度和节省时间方面具有比较优势。

此外，基于现有研究，发现分解技术已经成为原油价格预测的流行算法，将其与人工智能算法结合，能达到更好的预测效果。分解技术中应用最广泛的是 EMD 方法与小波分解方法。例如，文献[79]首次提出了利用基于 EMD 的神经网络集成学习方法来预测国际原油现货价格。首先，将原始的原油现货价格序列分解成有限的、通常数量较少的固有模态函数。其次，利用三层前馈神经网络模型对所提取的各模态分别进行建模，从而准确地预测各模态的发展趋势。最后，将各模态的预测结果与自适应线性神经网络（ALNN）相结合，得到原始原油价格序列的集成输出。

为了验证和测试，作者选择了 WTI 和 Brent 原油现货价格作为预测对象，测试提出的基于 EMD 的神经网络集成学习方法的有效性。在这个研究之后，基于 EMD 的分解集成方法在原油价格预测领域和其他预测领域得到了广泛的应用。其不仅局限于基础的 EMD 模型，还包括它的很多扩展形式。例如，EEMD、BEMD、MEMD 都已经在原油价格预测的混合模型中得到充分的应用。例如，文献[73]提出了 EEMD 和 RVFL 的混合模型，并将其运用于原油价格预测，实验结果证明该模型与基准模型相比不仅预测效果最好，而且学习速度最快。文献[57]为了证明网络搜索数据对原油价格的预测能力，提出了基于 BEMD – ELM 的混合集成算法，结果不仅证明了网络搜索数据是有助于提高原油价格的预测精度的预测因子，还证明 BEMD – ELM 在所有基准模型中预测效果最好。文献[84]使用 MEMD（Multivariate EMD，多元经验模态分解）模型同时分解 Brent 原油价格数据和多种类的网络搜索数据，并使用计量和人工智能算法分别证明了多种类的网络搜索数据对原油价格的预测能力。除了 EMD 族算法，小波分解也是很受欢迎的原油价格分解和预测工具，例如，文献[85]提出了一种基于小波分解的长期趋势预测方法，并将其用于 Brent 原油的预测实证研究中。实证结果证明基于小波分解的油价长期趋势预测方法的预测性能是其他方法所不能比拟的。总之，基于分解集成思想的混合模型已经充分应用于原油价格的预测实践中，并取得了很好的预测效果。

2.3 网络搜索数据的应用研究

2.3.1 网络搜索数据来源与类型

随着互联网技术的发展，一些强大的搜索引擎（如谷歌、百度）开始注重大数据的搜集和处理工作，并开发出对应的产品公布搜集的大数据。这类产品主要以谷歌趋势和百度指数为代表，这两个产品分别是谷歌和百度两家搜索引擎基于每天数以亿计的搜索结果，统计出某一搜索关键词在某一固定时期在谷歌或者百度引擎中被搜索的频次数据。谷歌趋势和百度指数作为应用最为广泛的两个网络搜索数据，在数据的搜集和处理上存在着一些异同。本书对谷歌趋势和百度指数的搜索指数进行了对比，结果如表 2.3 所示。

表 2.3　　　　　　　　　谷歌趋势和百度指数比较

数据特征	谷歌趋势	百度指数
统计区域	全球	中国
统计时间范围	2004 年至今	PC 端：2006 年至今 移动端：2011 年至今
数据频率	月度、周度、日度、小时	周度、日度、小时
可以对比词条	5	5
数据特征	相对值	真实值

　　研究发现谷歌趋势和百度指数在网络搜索数据的搜集和处理上存在一些异同。首先，谷歌的用户是来自全球范围的网民，因此谷歌趋势可以统计某一关键词在全球或者是具体某一个国家的搜索频率数据；而百度引擎的主要用户都来自中国，因此百度指数主要统计中国网民的搜索量。其次，谷歌公司在 2004 年就推出了谷歌趋势产品，因此谷歌趋势可以搜集的最早数据是从 2004 年开始的统计数据；而百度公司对 PC 端的搜索数据从 2006 年开始统计，对移动端的数据从 2011 年开始搜集，因此从百度指数可以获取的数据长度不如谷歌趋势。在可以下载的数据频率上，谷歌趋势可以下载某一关键词的月度、周度、日度和小时的搜索数据；而百度指数只可以下载周度、日度、小时的数据，月度数据需要对更小尺度的数据进行加和才能得到。再次，谷歌趋势和百度指数都提供了词条搜索量对比工具，两个工具平台可以对比的最多词条数目都是 5 个。最后，也是谷歌趋势和百度指数最显著的差别：从谷歌趋势获取的数据是相对搜索量，因为谷歌趋势会将搜集的搜索数量进行归一化处理，即将数据归一化到 0 ~ 100 的数值，其中 100 代表搜集区间内的峰值，而 0 指关键字的搜索量在某一日期低于一定的阈值；而从百度指数搜集的词条搜索数据则是真实的搜索量数据。因为原油市场是国际化的大宗商品市场，吸引到的不仅仅限于中国的投资者，还包括世界各地的其他投资者，所以谷歌指数比较适合研究国际原油市场。

2.3.2　网络搜索数据的应用

网络搜索数据的应用是非常广泛的，最早用于流感和其他疾病的实时监测和预测研究[86]。近年来，网络搜索数据被广泛用于更多的预测研究，包括预测汽车销售、失业申请、旅游需求等[87]。其中在旅游行业的应用引起了学者的广泛关注，利用网络搜索数据进行旅游需求预测成为了热门研究课题，典型应用如表 2.4 所示。从表 2.4 中可以得出三个重要结论：第一，在预测目标方面，现有研究主要利用网络关注度指数预测旅游需求，例如游客量（包含入境游课量）、酒店需求等。这也侧面证明了网络搜索数据能够捕捉潜在的旅游需求，因此可以作为旅游需求的有效预测指标。第二，在网络搜索数据中，主要以谷歌趋势和百度指数为主，而且研究发现百度指数只应用于中国旅游市场需求预测，谷歌趋势可以用于跨境旅游需求预测研究。第三，网络搜索数据在搜索引擎营销中也有出色的表现，可以成为在线旅游企业重要的营销手段。搜索引擎是推广和宣传旅游产品的重要战略工具之一，而搜索引擎营销意图帮助企业和组织通过付费或免费的方式获得在搜索引擎结果页面的可见性。网络搜索数据反映了游客在互联网上的搜索习惯，游客搜索的关注点对企业的精准营销有着十分重要的作用。已有的一些研究对此进行了深入的探讨，并证明了它的应用前景。例如，文献[98]挖掘了关于旅游目的地的在线浏览数据，并为旅游目的地的网页营销提供了重要的建议和启示。

表 2.4　　　　　　　　　网络搜索数据在旅游研究中的应用

文献	搜索数据	数据频率	预测目标	预测区域
[88]	百度指数	日度	游客量	中国九寨沟
[89]	百度指数	月度	游客量	中国北京
[90]	百度指数	日度	游客量	中国故宫
[91]	百度指数	日度	游客量	中国九寨沟
[92]	谷歌趋势	周度	酒店需求	美国波多黎各
[93]	谷歌趋势	月度	游客量	奥地利维也纳

续表

文献	搜索数据	数据频率	预测目标	预测区域
[94]	谷歌趋势/百度指数	月度	游客量	中国海南
[95]	谷歌趋势	月度	入境游	日本到韩国
[96]	谷歌趋势	周度	酒店需求	美国查尔斯顿
[87]	谷歌趋势	月度	游客量	中国香港
[97]	谷歌趋势	月度	入境游	西班牙

图 2.4 总结了将网络搜索数据用于旅游预测的技术框架，该框架具有普适性，不仅适合旅游需求的预测，也适用于原油价格的预测。该框架分成两个步骤实现：关键词筛选和预测因子导入（到预测模型）。其中，网络搜索数据的获取是基于关键词的，具体应该考虑哪些关键词的搜索量作为预测因子是十分关键的一步。现有文献选择关键词的技术可以归结为三类：经验法、范围法和技术法。经验法指根据研究者的相关经验直接选取他们认为重要的关键词，这类方法应用比较广泛，因为简单易操作。但是这类方法科学依据不强，选择结果依赖研究者的认识。范围法是对经验方法的一个扩展，研究者首先使用经验法确定一些关键词，然后根据谷歌趋势和百度指数的相关关键词推荐功能对基础的语料库进行扩展。技术方法是基于很多的关键词，根据关联性分析方法（如相关系数法、协整检验、格兰杰因果关系检验等）选择那些和预测变量相关性强的搜索数据作为预测因子。

第二个步骤主要是将第一步确定的关键词搜索数据引入预测模型中，具体的方法可以分为两类：直接导入和构建综合的指数再导入预测模型中。直接导入指将获取到的关键词搜索数据作为预测自变量（或因子）直接导入预测模型中进行预测。构建综合指数指通过一些指数合成方法，如加和法、主成分分析（PCA）法等将多个网络搜索数据合并成一个综合指数，再将综合的指数作为预测因子导入预测模型中，然后进行下一步的预测研究。

网络搜索数据可以反映投资者对原油市场的关注度，已经成为原油

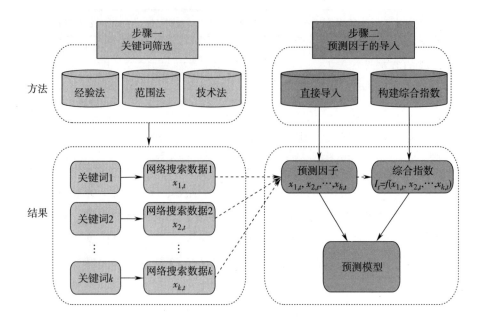

图2.4　网络搜索数据应用于预测研究的技术路线

价格的新兴驱动因素。现有研究主要关注网络搜索数据和原油价格的联动关系，和使用网络搜索数据进行原油价格预测。

在联动机制研究方面，文献[14]使用谷歌搜索数据来衡量投资者的关注程度，并研究了2004年1月至2014年6月谷歌搜索数据、不同交易者头寸与原油价格之间的关系。实证结果证明：谷歌搜索数据衡量的是来自非商业性和非报告性交易员（而非商业性交易员）的注意力，验证了谷歌搜索数据与原油价格之间的反馈机制；谷歌趋势提高了一周递归预测中原油价格的预测精度。文献[56]采用事件研究方法和AR-GARCH模型，研究了四类原油相关事件对原油价格的影响。其中，该研究通过谷歌趋势数据来量化这些影响原油价格波动的特殊事件。结果表明：原油价格对不同原油相关事件的响应表现出明显的差异性。金融危机引起的累积异常收益先下降后逆转上升，其他原油相关事件引起的累积异常收益具有较强的持续性效应；国际金融危机对油价回报的影响显著为负，而利比亚战争和飓风的影响显著为正；然而，OPEC 不同产量声明对油价回报的反应并不一致。文献[99]利用谷歌搜索数据来代表能源市场关注度。该研究选择了 90 个与能源相关的关键词，并采用多重过滤的方法选出对原油（或者天然气、汽油、燃料油）价格预测效果最好的关键词组合。结果证明，该研究选择的网络搜索数据可以有效提升 GARCH 模型对能源价格的预测精度。文献[100]为了研究投资者关注与原油价格之间的影响机制，通过汇总谷歌搜索量指数，构建了一个反映投资者关注度的直接指标。采用 SVAR 模型对 2004 年 1 月至 2016 年 11 月投资者关注对 WTI 原油价格的影响进行了实证研究。结果表明：投资者关注在样本期内对 WTI 原油价格有显著的负向影响；投资者关注冲击对样本期内 WTI 原油价格的长期波动贡献率为 15%，仅次于供给冲击（69%）；商业周期处于扩张状态对投资者关注程度和 WTI 原油价格均有正向影响。同时，该研究还基于 Brent 原油价格和不同的投资者关注度指标构建方法，进行鲁棒性检验，证实了中心结果是可靠的。总之，以上研究都从不同角度证明了网络搜索数据对原油价格的影响是真实存在的。

　　网络搜索数据已经成为影响原油价格的新兴驱动因素，使用网络搜索数据提升原油价格预测精度成为了热门的研究方向。例如，文献[101]提出了一个新的基于宏观经济指标和谷歌搜索数据的原油价格预测模型，并对不同模型进行了大规模的样本外预测分析。结果发现，在短期内，谷歌数据和宏观经济总量模型在统计上都优于其他竞争模型，而仅包含谷歌数据的多元模型在未来 24 个月的中期和长期预测中也表现最佳。不同的稳健性检验证实了这一结果。文献[58]提出了一个新的框架，分析网络搜索数据对原油市场的影响和预测原油期货市场价格波动。该方法利用 BEMD 将原始时间序列分解为不同时间尺度下的固有模态，并研究原油价格波动与网络搜索数据在每个尺度上的关系。利用分解后的固有模态作为特征，构造了基于极限学习机的不同方案的预测模型。实验结果表明，包含固有模态和网络搜索数据的 ELM 模型在不同的水平上优于基础 ELM 模型和其他基准模型。文献[102]利用谷歌搜索数据构建了投资者关注度指数，该指数包含一系列与原油或经济相关的关键词。然后通过一种新的混合方法和一种能够解释持续性、内生性和异方差性的特征的方法进行实证研究。实证结果表明，投资者的关注度在统计上和经济上具有显著的样本内和样本外预测能力，可以直接预测日数据和周数据的油价。此外，研究结果还显示出期限结构特征，有助于理解非理性关注对短期决策影响更大的金融现象。

2.4 本章小结

本章首先对原油价格与其影响因素进行了系统的综述。第一，介绍了原油价格的主要类型以及对世界经济发展的重要性。第二，介绍了原油价格的影响因素，分别为供需因素、库存因素、经济因素、金融因素、地缘政治因素和极端事件、天气因素、投机行为及投资者情感和关注度。第三，针对以上影响因素，本章对原油价格及其影响因素的联动机制研究作了系统的综述。

本章接着对现有的原油价格预测研究进行了系统的综述。以典型的研究为例，对现有的原油价格预测方法进行了系统的总结。具体地，将原油价格的预测方法分为计量经模型和人工智能算法两个大类，并对每个类型中的相关流行模型进行了系统的综述。

最后本章详细地综述了网络搜索数据的应用情况。第一，介绍了网络搜索数据的主要来源与类型，并对比了谷歌趋势和百度指数的异同。第二，以网络搜索数据应用较多的旅游市场为例，介绍了网络搜索数据对旅游需求的预测研究，并总结了使用网络搜索数据进行预测研究的一般性框架。该框架不仅适用于旅游市场，也可以应用于原油价格预测研究。特别地，本章还综述了网络搜索数据在原油市场的应用情况，将现有研究分成两类：一类研究网络搜索数据和原油价格的联动机制，另一类使用网络搜索数据进行原油价格预测。

总结本章的综述情况，得到主要结论：原油价格对世界经济的发展至关重要；原油价格与其影响因素的联动机制研究、原油价格预测研究成为了原油市场研究的重要议题；网络搜索大数据可以作为衡量网络关注度的重要指标，现有研究已经开始研究网络关注度和原油价格的联动机制，同样有限的研究也开始使用网络关注度进行原油价格预测，但相关研究数量和深度都不够，因此本研究也聚焦这个领域，分别使用多类型和多语言的网络搜索数据扩展相关研究。

第三章 基于时频格兰杰因果 检验的原油价格和网络 关注度的联动机制研究

3.1 引言

原油作为世界上最重要同时也是交易最频繁的商品之一，其价格受到供求、金融危机、战争、天气等一系列因素的影响。与大多数商品一样，供需因素被广泛认为是影响原油价格的市场力量，同时也是影响原油价格的最基础的因素[103-105]。此外，金融危机被广泛认为是导致油价波动的最重要的经济因素之一，尤其在 2008 年，国际金融危机导致了油价的剧烈波动[106,107]。此外，战争等地缘政治因素通常通过影响原油供求或投机者的焦虑情绪（或预期）来改变原油价格的正常波动[54,58]。最后，极端天气影响足够大的情况也会导致油价的快速攀升[57]。例如，2005 年卡特里娜飓风导致油价每桶上涨 3 美元，2011 年密西西比河洪水也导致了油价的上涨，因为投资者担心洪水会损害炼油厂的生产和运输。

随着原油市场金融化和网络搜索技术的快速发展，互联网关注已经逐渐成为原油价格的新兴驱动因素。一方面，近十年来原油市场的金融化改变了油价的走势和油价驱动因素[15]。虽然供需因素仍然发挥着重要的作用，但投资者的关注可能会进一步影响原油价格波动，因为投资者的关注度可以有效反映投资者的心理变化。另一方面，受益于搜索技术提供的便利，原油市场的投资者在作出投资决策之前往往倾向于在互联网上搜索对投资有帮助的信息。而伴随着网络跟踪技术的进步，投资者在互联网上的搜索行为可以被搜索引擎所捕获。例如，自 2004 年以来，谷歌就已经开始搜集并统计网民对某一关键词的搜索量数据。搜索量可以表征投资者对任何特定主题（关键字）的关注，而研究证明将类似关键字的搜索量合并在一起可以用来衡量网民对某一特定领域的关注度。因此,网络搜索数据作为衡量投资者网络关注度的指标,被很多学者认为是影响原油价格的新兴驱动因素[56,99]。

网络关注度与原油价格的联动关系是近年来的研究热点。例如,文献[14]使用线性格兰杰因果检验的方法,对网络关注度与原油价格的因果关系进行了初步探索。文献[56]使用事件研究方法和 AR – GARCH 模型研究了四种与原油市场相关的关注度对原油价格的影响。文献[108]使用协整和改进的 EGARCH 模型分析了短期和长期关注度对油价波动的影响。同样,文献[99]也采用了 GARCH 模型,证明了网络关注度(即网络搜索数据)对原油价格的预测能力。基于网络搜索数据和 WTI 原油价格数据,文献[100]运用 SVAR 模型分析了网络关注度对 WTI 原油价格的影响机制。文献[109]利用日度网络搜索数据和原油价格数据,通过线性格兰杰因果关系检验方法证明了网络搜索数据可以有效预测随后交易日的油价波动性。除此之外,基于网络关注度与原油价格的密切联系,利用网络搜索数据来提高油价预测精度也成为一个新兴的、有发展前景的研究课题,近期比较典型的例子可以在文献[58,102,110]中找到。

基于以上对现有研究的综述,不难发现以往的文献多采用线性格兰杰因果检验、AR、GARCH 等线性模型来研究网络关注度与原油价格在原始频率上的联动关系。然而,地缘政治和极端事件等因素会导致原油市场出现结构性变化,进而导致原油价格具有非线性特征[106]。更重要的是,原油价格已被广泛证明具有频率特征[103,106],而且在不同频率下原油价格和网络关注度之间的因果关系的存在和方向也可能不同。显然只关注原始数据频率只能捕捉部分的原油价格与网络关注度之间的联动机制,因此,本章致力于研究原油价格与网络关注度之间包含非线性的时频联动关系。

考虑到原油价格的非线性和时频特征,本章将采用一种频率格兰杰因果检验方法来研究原油价格和网络关注度之间随频率变化的联动机制。与线性格兰杰因果检验相比,频率因果检验有三个优点。首先,它允许在不同的频率(或不同的时间周期)内判断因果关系的动态特征。其次,即使相关变量之间的潜在联系是非线性的，它也可以识别对应的因果关系。最后，它在数据存在波动聚集（高频数据的一种共同特征）的情况下仍然可以提供稳健的检验结果。使用这种方法，在所有可能的频率，即 $\omega \in (0, \pi)$ 内，分析原油价格和网络关注度之间的因果关系。

频率因果关系检验为分析变量之间的联动机制带来了新的视角，并且在许多领域得到了广泛的应用。例如，文献[111]使用频率因果关系检验研究了谷歌趋势与游客到达之间的联动关系。文献[112]使用频率因果检验来研究选定的 OECD 国家的能源消耗和经济增长之间的相关性。文献[113]基于频度因果关系检验，以土耳其为例，探讨了经济风险与外国直接投资流入之间的因果关系。鉴于频率格兰杰因果关系检验模型的各种优势，本书特别采用了这个方法来研究原油价格与网络关注度之间的联动机制。

本章的目的是通过文献[114]提出的频率因果检验方法，即 B&C 检验来研究原油价格与网络关注度之间的联动关系。首先，基于从谷歌趋势捕获的搜索量数据构建了五种考虑多种类的网络关注度指数，即基础指数、供需指数、经济指数、战争指数和天气指数。在此基础上，应用频率因果关系检验方法分别研究原油价格与各个网络关注度之间的随频率变化的联动关系。本章的主要贡献可以概括为以下三个方面：（1）首次研究原油价格与网络关注度之间在不同频率上的联动机制；（2）和以往的线性研究相比，捕捉了原油价格与网络关注度之间的线性和非线性联动机制；（3）基于不同频率下的实验结果，可以为原油市场研究学者和投资者提供重要的启示与建议。

3.2 研究框架及方法

3.2.1 研究框架

本章旨在研究在不同频率下原油价格与网络关注度之间的动态联动机制，其总体框架如图 3.1 所示。本框架主要包含两个主要步骤，即网络关注度指数构建、频率因果关系检验。

第一步，基于从谷歌趋势搜集的相关关键词的搜索量，构建多种类的网络关注度指数，即基础指数、供需指数、经济指数、战争指数和天气指数。基础指数是基于基础关键词的搜索量构建的，即投资者在网上搜索时可能使用的基础搜索关键词，如"crude oil price"和"crude price"。因为投资者往往倾向于搜索原油价格的驱动因素信息，而不是原油价格本身[99]，所以本研究也搜集了关于原油价格驱动因素的网络搜索数据，包含供需（"oil supply"和"oil demand"）、经济（"economic crisis"和"financial crisis"）、战争（"Libya war"和"Iraq war"）和天气（"floods"和"hurricanes"）。将同类关键字的搜索量相加，得到了五个领域对应的网络关注度指数。

第二步，应用频率格兰杰因果检验方法分别研究五个领域的网络关注度指数和原油价格之间的随着频率变化的联动机制。关于频率格兰杰因果关系检验方法，特别采用了文献[114]提出的检验方法。除了频率格兰杰因果检验之外，还采用了传统的线性格兰杰因果检验方法与之进行结果比较，进而凸显时频检验的优势。

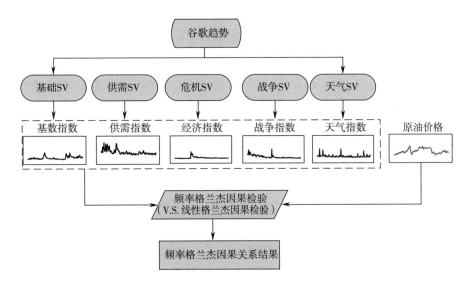

图 3.1　原油价格和网络关注度的频率联动机制研究框架

3.2.2 时频格兰杰因果检验

格兰杰因果检验最早由 Granger[115] 在 1969 年提出，其目的是检验一个时间序列的历史信息是否有助于提高另一个时间序列的可预测性。两个平稳时间序列 x_t 和 y_t 的格兰杰因果关系可以定义为：y_t 不能严格地格兰杰引起 x_t，如果公式 3.1 成立：

$$\Pr(x_t \mid I_{t-1}) = \Pr(x_t \mid (I_{t-1} - Y_{t-n}^n)), \quad (t = 1, 2, \cdots, T) \qquad (3.1)$$

这里 $\Pr(x_t \mid I_{t-1})$ 指 x_t 的条件概率分布，$I_{t-1} = \{X_{t-m}^m, Y_{t-n}^n\}$ 是给定的二元信息集，其中包含 x_t 的 m 阶滞后向量 $X_{t-m}^m = \{x_{t-m}, \cdots, x_{t-1}\}$ 和 y_t 的 n 阶滞后向量 $Y_{t-n}^n = \{y_{t-n}, \cdots, y_{t-1}\}$。如果公式 3.1 在统计上被拒绝，那么就说明 y_t 过去的信息能为当前的 x_t 的估计提供有效的信息，也就是说 y_t 能格兰杰引起 x_t。

虽然标准的格兰杰因果检验是检验两个变量之间因果关系的最流行的计量方法之一，但它也存在一些缺点。例如，它忽略了在不同频率上格兰杰因果关系的强度、方向和存在性可能不同的情况；此外，标准的格兰杰因果关系检验仅仅局限于捕捉两个变量之间的线性关系。为了弥补标准格兰杰因果关系检验的缺点，文献[114]提出了一种频率因果关系检验方法，用来检验两个变量之间不同频率尺度的因果关系。与标准格兰杰因果关系检验相比，频率因果关系检验具有三个优点：（1）它可以有效捕捉因果关系的频率变化特征，区分是短期因果关系还是长期因果关系；（2）即使相关变量之间的潜在联系是非线性的，它也能识别对应的因果关系；（3）在存在波动性聚集的情况下，该方法仍然能够提供稳健的结果。

在实践中，线性和频率格兰杰因果关系都是通过构建 VAR 模型来实现建模的。

$$\theta(L) z_t = \varepsilon_t \qquad (3.2)$$

其中，$z_t = [x_t, y_t]'$ 是一个时间序列的二维向量 $(t = 1, 2, \cdots, T)$；$\theta(L) = I - \theta_1 L^1 - \cdots - \theta_p L^p$ 是一个 2×2 阶多项式；L 是滞后算子，满足 $L^k z_t = z_{t-k}$；残差 ε_t 满足均值为 0 且方差恒定，即 $E(\varepsilon_t) = 0$，$E(\varepsilon_t \varepsilon_t') = \sum$，$\sum$ 是正定的。值得注意的是，为了便于解释该模型，忽略了方程 3.2 中

的任何确定性项，尽管在实际应用中该模型通常包括常数、趋势或虚拟变量[114]。该模型可以转化为矩阵形式如下：

$$\theta(L)\, z_t = \begin{pmatrix} \theta_{11}(L) & \theta_{12}(L) \\ \theta_{21}(L) & \theta_{22}(L) \end{pmatrix} \begin{pmatrix} x_t \\ y_t \end{pmatrix} = \varepsilon_t \qquad (3.3)$$

假设 G 和 G' 是 Cholesky 分解的下三角矩阵和上三角矩阵，满足 $G'G = \sum^{-1}$，这样 $E(\eta_t \eta'_t) = I$ 且 $\eta_t = G\varepsilon_t$。假设系统是平稳的，则该系统的移动平均表示为

$$z_t = \varphi(L)\eta_t = \begin{bmatrix} \varphi_{11}(L) & \varphi_{12}(L) \\ \varphi_{21}(L) & \varphi_{22}(L) \end{bmatrix} \begin{bmatrix} \eta_{1t} \\ \eta_{2t} \end{bmatrix} \qquad (3.4)$$

这里 $\varphi(L) = \theta(L)^{-1} G^{-1}$。文献[116]认为，$y_t$ 是由两个不同的部分组成的，即固有部分和预测部分。y_t 对 x_t 的预测能力可以通过比较在不同频率下包含固有部分频谱的预测部分来衡量。那么，在频率 w 处从 y_t 到 x_t 的因果关系检验过程可以表示为

$$M_{y \to x}(\omega) = \log \left[1 + \frac{|\varphi_{12}(e^{-iw})|^2}{|\varphi_{11}(e^{-iw})|^2} \right] \qquad (3.5)$$

当 $|\varphi_{12}(e^{-iw})| = 0$ 时，公式 3.5 的值为 0，表示 y_t 不是 x_t 的格兰杰原因。在文献[114]提出的检验方法中，能使 $|\varphi_{12}(e^{-iw})| = 0$ 的一组充分必要条件是

$$\sum_{k=1}^{p} \theta_{12,k} \cos(k\omega) = 0 \qquad (3.6)$$

$$\sum_{k=1}^{p} \theta_{12,k} \sin(k\omega) = 0 \qquad (3.7)$$

因为在 $\omega = 0$ 或 $\omega = \pi$ 时，$\sin(k\omega) = 0$，所以在这种条件下可以不予考虑约束 3.7。

不管是在线性格兰杰因果检验，还是频率格兰杰因果检验当中，我们都需要估计一个 p 阶 VAR 方程：

$$x_t = \alpha_{11} x_{t-1} + \cdots + \alpha_{1p} x_{t-p} + \beta_{11} y_{t-1} + \cdots + \beta_{1p} y_{t-p} + \varepsilon_{1,t} \quad (3.8)$$

$$y_t = \alpha_{21} y_{t-1} + \cdots + \alpha_{2p} y_{t-p} + \beta_{21} x_{t-1} + \cdots + \beta_{2p} x_{t-p} + \varepsilon_{2,t} \quad (3.9)$$

如果我们想要检验 y_t 不是 x_t 的格兰杰原因，那么在线性格兰杰因果关系检验中空假设就是在公式 3.8 中，y_t 的滞后因子前的系数都为 0，即

$H_0 : \beta_{11} = \beta_{12} = \cdots = \beta_{1p} = 0$；而在频率格兰杰因果检验中空假设就变成了

$$H_0 : R(\omega) \beta_1 = 0 \tag{3.10}$$

其中，$\beta_1 = [\beta_{11}, \cdots, \beta_{1p}]'$，而且

$$R(\omega) = \begin{bmatrix} \cos(\omega) & \cos(2\omega) & \cdots & \cos(p\omega) \\ \sin(\omega) & \sin(2\omega) & \cdots & \sin(p\omega) \end{bmatrix} \tag{3.11}$$

因此，可以使用 F 检验来测试在频率 ω 处没有格兰杰因果的零假设。对于 $\omega \in (0, \pi)$，F 统计量近似服从 $F(2, T - 2p)$。否则，如果检验 x_t 不是 y_t 的格兰杰原因，则零假设就变为

$$H_0 : R(\omega) \beta_2 = 0 \tag{3.12}$$

其中，$\beta_2 = [\beta_{21}, \cdots, \beta_{2p}]'$。这个方法可以扩展到高维系统中或者到协整 VAR 模型中。

3.3 数据描述

3.3.1 网络关注度指数构建

为了研究原油价格与网络关注度之间的联动关系，本研究基于从谷歌趋势（https：//trends.google.com）获得的搜索量数据，构建了五个多种类关注度指数，即基础指数、供需指数、经济指数、战争指数、天气指数。关注度指数的构建分两个步骤实现：（1）关键词选择：选择用于构建各类指数的关键词（结果如表 3.1 所示），并获取其对应的网络搜索数据。（2）指数构建：将每个种类下关键词的搜索量相加，作为新的不同类别的关注度指标。

表 3.1 用于构建关注度指数的搜索关键词

多种类关注度指数	搜索关键词
基础指数	crude oil price, crude price
供需指数	oil supply, oil demand
经济指数	economic crisis, financial crisis
战争指数	Libya war, Iraq war
天气指数	floods, hurricanes

在谷歌趋势中输入搜索关键词，得到每个关键词的搜索量，如图 3.2 所示。本章选取了 2004 年 1 月至 2019 年 9 月的搜索量月度数据和原油价格数据。选择这个数据周期和频率的原因是谷歌趋势只从 2004 年开始发布搜索量数据，谷歌趋势只公布了从 2004 年开始的月度数据，对其他例如周度和日度数据，则只能下载 5 年范围内的。此外，谷歌趋势对搜索量数据进行了预处理，我们收集的不是搜索量的绝对数量，而是介于 0~100 的数值，100 代表搜集区间内的峰值，而 0 指关键字的搜索量在某一日期低于一定阈值。

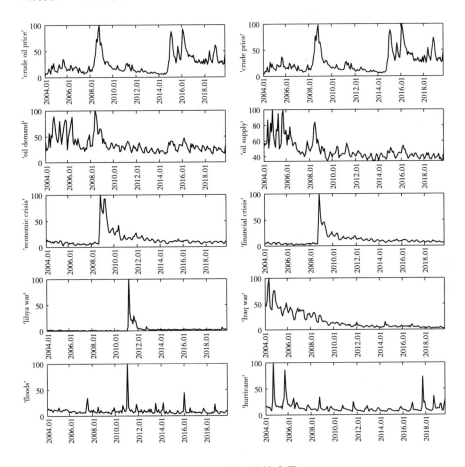

图 3.2　关键词的搜索量

显然，每个关键词的搜索量都能很好地反映影响原油价格的相关事件。例如，"economic crisis"和"financial crisis"的搜索量最高值出现在2008年10月，此时正值国际金融危机全面爆发的时候。2008年的金融危机导致了原油市场价格剧烈波动，油价遭受重创，2008年下半年跌至每桶30美元以下。同样，"Libya war"的搜索量最高值出现在2011年3月，此时正值利比亚战争爆发。利比亚战争导致了当地原油产量锐减（约90%），最终导致原油价格明显上涨。同样，关键词"floods"对应搜索量的最高值代表2011年上半年的密西西比洪水，关键词"hurricane"搜索量的三个峰值分别对应着飓风Francis、Rita和Ivan（2004年9月）、Katrina（2005年9月）和Wilma（2017年9月）。这些极端天气都通过影响原油短期供求关系或运输渠道而导致原油价格上涨。

基于从谷歌趋势得到的搜索量，构建了五个网络关注度指数。例如，将关键词"crude oil price"和"crude price"这两个关键词的搜索量相加，构建基础指数。最终构建的五个网络关注度指数以及从EIA（https://www.eia.gov）收集的Brent原油现货价格如图3.3所示。显然，所构建的多种类网络关注度指数（特别是战争指数和天气指数）比单独关键词的搜索量包含更全面的信息。例如，"hurricane"和"floods"这两个单独的关键词的峰值在天气指数中都有所体现。此外，本书所构建的

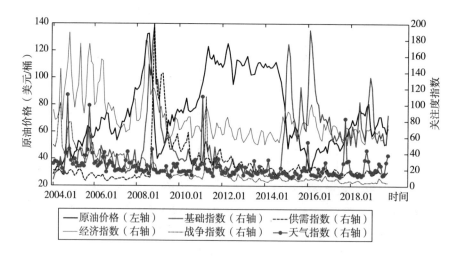

图3.3 Brent油价和构建的关注度指数

五个网络关注度指数也表现出与原油价格相似的趋势和波动。

3.3.2　数据统计分析

为了进一步分析网络关注度指数的数据特征，对网络关注度指数和 Brent 原油价格数据进行了一些描述性的统计，结果如表 3.2 所示。一个有趣的现象是各个网络关注度指数的波动存在明显的差距，基础指数波动最剧烈（标准差最大，为 39.01），天气指数波动最稳定（标准差最小，为 14.36）。

表 3.2　　网络关注度指数和 Brent 原油价格的统计性描述

统计指标	原油价格	基础指数	供需指数	经济指数	战争指数	天气指数
均值	74.18	52.48	83.04	25.74	19.61	23.20
中位数	68.61	41.00	74.00	18.00	11.00	19.00
最大值	132.72	198.00	189.00	200.00	110.00	112.00
最小值	30.70	7.00	51.00	6.00	3.00	10.00
标准差	26.08	39.01	28.39	25.8	18.59	14.36
偏度	0.39	1.56	1.69	3.72	2.02	3.79
峰度	1.98	5.30	5.66	19.49	8.13	21.33

表 3.3 展示了原油价格与网络关注度指数的相关矩阵。显而易见，所有构建的网络关注度指数与原油价格均呈负相关，基础指数显示与油价具有最高的相关性（相关系数为 -0.35），经济指数显示与油价具有最低的相关性（相关系数为 -0.03）。可能的原因是谷歌搜索至少在一定程度上反映了投资者的担忧，而当原油价格下跌时则会出现更多的担忧[109]。有趣的是，这一发现与文献[100]的结果相吻合：研究结果表明在样本期内，投资者的关注确实对 WTI 原油价格具有重大负面影响。

表 3.3　　Brent 原油价格和多种类网络关注度的相关矩阵

指标	原油价格	基础指数	供需指数	经济指数	战争指数	天气指数
原油价格	1.00	-0.35	-0.17	-0.03	-0.21	-0.12
基础指数	-0.35	1.00	0.17	0.27	-0.23	-0.07

指标	原油价格	基础指数	供需指数	经济指数	战争指数	天气指数
供需指数	−0.17	0.17	1.00	0.03	0.64	0.39
经济指数	−0.03	0.27	0.03	1.00	−0.06	−0.09
战争指数	−0.21	−0.23	0.64	−0.06	1.00	0.31
天气指数	−0.12	−0.07	0.39	−0.09	0.31	1.00

3.4　结果分析

3.4.1　线性格兰杰因果检验结果

在研究原油价格和多种类网络关注度之间的频率协同关系之前，本章首先基于线性格兰杰因果关系检验方法探索它们之间的传统线性关系以进行结果比较。在线性检验中，本章首先需要对原始数据和一阶差分数据进行平稳性检验，即检验是否存在单位根。为此，本章同时应用了 ADF（Augmented Dickey – Fuller）检验和 PP（Phillips – Perron）检验以确保测试结果的鲁棒性。检验结果如表 3.4 所示：在 1% 的显著水平下，原始数据的原油价格和某些网络关注度指数（基础指数、供需指数、经济指数）在 ADF 检验或者 PP 检验中均接受有单位根的原假设，也就是说这些数据是不平稳的。而 ADF 检验和 PP 检验都证明在 1% 的显著性水平下，一阶差分数据均拒绝有单位根的原假设，也就是说一阶差分后的原油价格和网络关注度指数都是平稳的，满足构建 VAR 模型的基本条件。因此本研究在后续实验中都采用一阶差分后的数据来构建 VAR 模型，以进行进一步的线性格兰杰因果关系检验。

表 3.4　　　　　　　　　　单位根检验结果

指标	原始数据		一阶差分数据	
	ADF 检验	PP 检验	ADF 检验	PP 检验
原油价格	−2.70	−2.36	−9.20 ***	−9.10 ***
基础指数	−4.14 ***	−3.70 **	−11.95 ***	−12.73 ***
供需指数	−3.08	−3.56 **	−12.58 ***	−12.26 ***

续表

指标	原始数据		一阶差分数据	
	ADF 检验	PP 检验	ADF 检验	PP 检验
经济指数	− 2.71 *	− 5.60 ***	− 11.96 ***	− 21.51 ***
战争指数	− 6.79 ***	− 6.80 ***	− 13.91 ***	− 34.83 ***
天气指数	− 9.44 ***	− 9.45 ***	− 9.60 ***	− 55.82 ***

注：*、**、***分别表示存在单位根的空假设分别在 10%、5%、1% 的显著性水平下被拒绝。

原油价格与网络关注度之间的线性格兰杰因果关系检验结果如表 3.5 所示。结果表明在 5% 的显著性水平下，只有基础指数和经济指数是原油价格的格兰杰原因，同时只有两个领域的网络关注度指数有助于原油价格的预测。该结果意味着与原油相关的基本信息和经济波动会通过互联网快速传递到原油市场投资者，市场关注程度的变化会影响原油市场的预期，从而影响油价。本研究的工作与文献[99]和文献[14]的工作存在一致性，前者证明了基本指数和经济指数都是造成原油价格变动的格兰杰原因，后者证明基本关键词 "Brent crude" "crude oil" 和 "oil price" 的搜索量是导致 Brent 原油和 WTI 原油价格波动的格兰杰原因。但是，就战争而言，本研究的结果与文献[14]不同，它们的结果证明了关键词 "Libya war" 的搜索量是导致原油价格上涨的格兰杰原因。本研究的结果证明，战争指数不是引原油价格变动的原因。出现这两种不同结果的原因可能是本研究和文献[14]采用的样本数据不同，文献[14]使用的从谷歌趋势的搜索量转换而来的长期每日关注（Long Time Daily Concerns，LTDC）数据，而本研究采用了从谷歌趋势直接下载的月度搜索量，因此本研究的数据更加原始且具有不间断性。

表 3.5　原油价格和多种类关注度的线性格兰杰因果关系检验结果

多种类关注度指数	滞后期	H_0：关注度不是油价的格兰杰原因		H_0：油价不是关注度的格兰杰原因		结果
		χ^2	p − value	χ^2	p − value	
基础指数	2	7.44	0.02	3.61	0.17	指数 → 油价
供需指数	5	0.63	0.99	5.49	0.36	×

多种类 关注度指数	滞后期	H_0：关注度不是油价的 格兰杰原因		H_0：油价不是关注度的 格兰杰原因		结果
		χ^2	p – value	χ^2	p – value	
经济指数	2	14.21	0.00	4.88	0.09	指数→油价
战争指数	5	5.08	0.41	0.27	1.00	×
天气指数	3	0.61	0.89	1.06	0.79	×

从另外一个角度看，线性格兰杰因果结果证明在 5% 的显著水平下，所有的原油价格都不是网络关注度的格兰杰原因。也就是说，原油价格和网络关注度指数之间的传递机制是单向的，即网络关注度是原油价格的格兰杰原因，反之却不成立。

3.4.2 频率格兰杰因果检验结果

本节应用频率格兰杰因果检验研究原油价格与多种类网络关注之间短期、中期和长期的联动机制。在频率格兰杰因果检验中，考虑频率范围为 $(0, \pi)$。具体地，将 $\omega \in (0, 0.5]$（对应周期大于 12.5 个月）定义为长期，$\omega \in (0.5, 2.5]$（周期大于 2.5 个月小于 12.5 个月）为中期，$\omega \in (2.5, \pi)$（周期小于 2.5 个月）为短期。下面本书将研究原油价格与五种网络关注度指数在不同周期下的联动机制。

时频格兰杰检验结果如图 3.4 所示，显然，因果关系的存在、强度、方向会随频率（或周期）的变化而变化。可以从这些结果中总结出三个有趣的结论：第一，在 5% 的显著性水平下，原油价格与基础指数之间的因果关系满足单向假设，即基础指数是原油价格的格兰杰原因，但反之却不成立，且格兰杰因果关系仅在低频部分（$\omega \in (0, 0.42)$）有效，这表明基础指数信息只有助于提高长期（大于 15 个月）原油价格预测精度。第二，在 5% 的显著性水平下，经济指数和原油价格之间的格兰杰因果关系满足双向假设。一方面，经济指数是导致中长期（$\omega \in (0, 1.65)$，周期大于 3.8 个月）原油价格变化的格兰杰原因。也就是说，在大于 3.8 个月的时期内，经济指数对原油价格有预测能力。另一方面，原油价格在 0 到 π 之间的任何频率下都是经济指数的格兰杰原因。该结果证实了原油价格与投资者对金融危机关注度之间的双向反馈关系。第三，尽管很多研究和实践已经证实了供需、战争和极端天气对原油价格具有重大影响，但本章的实验却证明与它们对应的网络关注度指数与原油价格存在中立关系，即在两个方向上均没有格兰杰因果关系。

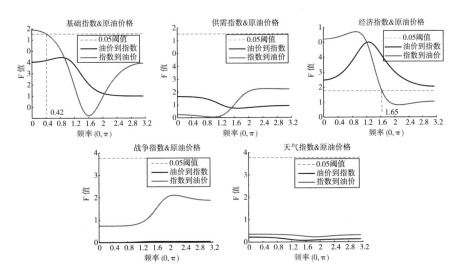

图3.4　原油价格和网络关注度指数的频率格兰杰因果检验结果

本章发现一个有意思的结论，供需、战争和天气等因素均是原油价格的重要驱动因素，而它们的网络关注度却与原油价格没有格兰杰因果关系。这背后的原因可能在于这三个网络关注度指标不同的数据特性。例如，对于供需指数，"oil supply"的搜索量长期处于较低水平（平均值为10），而和原油价格存在格兰杰因果关系指数如"economic crisis"和"crude oil price"的搜索量平均值都高于这个水平（前者为13，后者为26）。即使在2014年，由于原油供求不平衡，原油价格急剧下跌时，投资者似乎也很少在网上搜索原油供求的信息（见图3.3）。而对于战争指数和天气指数，这两个指标的波动幅度都处于较低水平（见图3.3和表3.2）。战争指数和天气指数的标准差分别为18.59和14.36，远低于其他指数以及Brent原油价格。因此，本章认为波动较低的战争指数和天气指数难以解释高波动的油价。此外，与经济危机相比，战争和天气持续时间都相对较短，且引起公众关注的时间也较短，这导致相应的网络关注度序列中出现了很多低值（见图3.3）。因此，战争和天气指数波动的低值和短时性难以捕捉到油价的快速变化。

3.4.3 结果总结与启示

本节将总结和比较频率格兰杰和线性格兰杰的检验结果，进而突出时频格兰杰因果检验的优势，比较结果如表3.6所示。

表3.6　　　　　线性格兰杰和频率格兰杰检验结果对比与总结

多种类关注度指数	线性格兰杰检验	频率格兰杰检验
基础指数	指数 → 原油价格	指数 → 原油价格（$\omega \in (0, 0.42)$）
供需指数	×	×
经济指数	指数 → 原油价格	指数 → 原油价格（$\omega \in (0, 1.65)$） 原油价格 → 指数
战争指数	×	×
天气指数	×	×

注：→表示存在格兰杰因果关系，箭头因素是箭尾因素的格兰杰原因；×表示不存在格兰杰因果关系。

一方面，频率格兰杰检验的结果与线性格兰杰因果检验结果在一定程度上存在相似性。例如，线性和频率因果检验结果均表明原油价格与供需指数、战争指数和天气指数之间均不存在格兰杰关系；而基础指数和经济指数都是原油价格的格兰杰原因。另一方面，实验结果表明频率格兰杰检验能比线性格兰杰检验捕捉到更多的相关信息。例如，频率格兰杰检验证明从基本指数（或者经济指数）到原油价格的因果关系（通过标准线性检验也可以检测到）并非对所有频率均成立。对于基本指数来说，关注度是原油价格的格兰杰原因只在低频范围（频率从0到0.42，长期）有效；对于经济指数来说，该因果关系仅在中低频（频率从0到1.65，中长期）有效。除此之外，与标准线性检验不同，本章通过频率格兰杰检验进一步检测了从原油价格到经济指数的格兰杰因果关系。这种差异背后隐藏的原因可能是频率格兰杰检验在捕获因果关系方面的优势，即其不仅能捕捉到线性关系，还能捕捉到潜在的非线性关系。

本章的频率因果关系检验结果对原油市场研究者和投资者具有重要

启示。对于原油市场研究者，他们需要在油价预测中考虑随频率变化的格兰杰因果关系。原油价格与供需指数、战争指数和天气指数之间不存在格兰杰因果关系表明：这三个领域的网络关注度对原油价格没有预测能力。基础指数在频率低于 0.42 的情况下是原油价格的单向格兰杰原因表明：基础指数可以长期（大于 15 个月）促进原油价格预测。同样，经济指数在中低频率（低于 1.65）是原油价格的格兰杰原因表明：经济指数对中长期（大于 3.8 个月）的原油价格具有预测能力。因此，与大多数现有研究将网络关注度直接用于原油价格预测而未检测它们的频率联动机制相比，本研究可以为在不同时间段使用合适的网络关注度进行原油价格预测提供重要的参考。对于原油市场投资者，研究结果也表明：他们应特别关注特定的网络关注度与原油价格之间的关系变化，并据此作出动态投资决策。一方面，投资者应意识到并非所有网络关注度都能格兰杰引起油价波动，因为本研究的结果仅确认基础指数和经济指数是原油价格的格兰杰原因。原油市场投资者应特别关注这两个网络关注度对原油价格波动的影响。另一方面，投资者必须考虑因果关系的变化并作出相应的投资决策。例如，投资者可以将基础指数应用于长期投资，将经济指数应用于中长期投资。总体而言，原油市场投资者不仅应考虑网络关注度与原油价格之间的因果关系方向，而且还应考虑该方向是暂时的还是永久的，换句话说，该方向是否随时间而变化。

3.5　本章小结

原油市场的金融化、信息化和网络化已成为原油市场的新特征。尤其是，投资者的关注和偏好可以通过互联网迅速传递到原油市场。作为反映投资者关注的典型指标，网络关注度已成为原油价格的新兴影响因素。了解原油价格和网络关注度的联动机制对原油市场研究者和投资者具有重要意义。本章旨在应用频率格兰杰因果检验方法来研究原油价格和网络关注度之间的联动机制。与现有研究仅关注二者在固定尺度的线性相关性不同，本章首次提出分析原油价格和网络关注度之间频率联动机制的研究框架。该框架通过两个步骤来研究原油价格和网络关注度的频率联动机制。第一步，通过从谷歌趋势捕获的搜索量数据构造出五种不同类型的网络关注度指数，即基础指数、供需指数、经济指数、战争指数和天气指数。第二步，根据文献[114]提出的频率因果关系检验方法，分别研究了五个网络关注度指标和原油价格之间的频率联动机制。

本研究选择从 2004 年 1 月到 2019 年 9 月的月度 Brent 原油现货价格和从谷歌趋势收集的月度搜索量作为数据样本，发现与标准线性检验相比，频率格兰杰可以捕获到更多的关系。具体地，原油价格和网络关注度之间格兰杰因果关系的存在、强度和方向都随频率的变化而变化。首先，原油价格与供需指数、战争指数和天气指数之间在所有频率上都满足一个中立的假设（没有因果关系）。造成这种结果背后的原因可能在于三个网络关注度指标的数据特性，特别是较低的搜索值和波动方差。其次，实验结果表明原油价格和经济指数之间存在反馈机制：经济指数驱动中低频（中长期）原油价格，而原油价格在所有频率上都是经济指数的格兰杰原因。最后，原油价格与基础指数之间在低频（长期）存在单向因果关系，方向是从基础指数到原油价格。

本章结果对原油市场研究者和投资者具有重要启示。对于原油市场研究者，他们需要在油价预测中考虑随频率变化的格兰杰因果关系。特别是，可以为在不同时间段使用合适的网络关注度进行原油价格预测提供重要的参考。对于原油市场投资者，他们不仅应考虑网络关注度与原油价格之间的因果关系方向，而且还应考虑该方向是暂时的还是永久的，进而作出动态的投资决策。

本章为研究原油价格与网络关注度之间的联动机制提供了新的视角，即动态的多频率视角，但是还存在可以改进的地方。例如，一个可能的扩展方向是可以在更多领域中收集更多关键词搜索量数据来构建更多更有效的网络关注度指标；另一个可能的扩展方向是研究原油价格和网络关注度之间因果关系的潜在不对称性：通过将总波动率分解为好波动率和坏波动率，研究由油价和网络关注度的正变化引起的不确定性与由它们的负变化引起的不确定性之间是否具有不同的传递模式。

第四章　基于混合核极限学习机的原油价格预测模型

4.1　引言

原油价格作为宏观经济预测和风险管理的一个重要变量，对很多行业有着重要的影响。许多部门和企业，如交通部门、航空公司等直接依赖原油价格的预测结果来制定对应的商业战略。此外，原油价格的准确预测对于投资者长期投资，制定碳排放法规、能源政策法规，构建气候变化模型、制定能源系统规划等具有重要的参考价值。例如，原油作为大宗商品的一种，根据 EIA 统计数据[33]，其相关产品在股市中的投资占比达到了 15%（其中，WTI 原油投资占比为 7.7%，Brent 原油投资占比为 7.3%）。精准的原油价格预测对投资者制定对应的投资策略至关重要。

原油价格受到投机行为的影响，使投资者对市场的关注和判断也会影响短期价格波动。投机行为可以通过改变原油在股市中的供求关系，进而影响其价格走势。例如，如果投资者认为原油未来的价格会上涨，就会择机选择投资其相应的期货合约，在到期前不久卖出来获利。一些投机者可以通过操纵市场、促进羊群行为，使其他投资者对供求冲击作出过度反应。加上一些投资者缺乏对原油市场的了解，就会把价格从基本价值向上推高，造成泡沫。因此，投资者对原油市场的关注或者判断在一定程度上会影响到原油价格。

早期的原油价格预测模型以计量模型为主，随着人工智能技术的发展，机器学习算法成为了原油价格预测的重要工具。例如，根据现有研究，BP 被广泛用于原油价格预测。然而，类似 BP 这种前馈神经网络存在耗时长和严重临界误差等缺点。因此，文献[117]提出了 ELM 模型，该算法在预测非线性时间序列方面表现良好。特别是与单隐层神经网络相比，ELM 可以随机初始化输入权重和阈值并得到相应的输出权重，从而表现出良好的泛化能力和极快的学习速度[118]。ELM 模型已经成为了原油价格预测的流行工具，且有着很好的表现。例如，文献[58] 基于 ELM 模型，使用不同类型的网络关注度指数作为外生变量，对原油价格进行了预测，并证明了基于 ELM 的模型优于其他基准模型。文献[119] 基于一种扩展的 ELM 模型，对原油价格进行了预测，并得到了较高的预测精度。

核函数可以代替 ELM 的随机映射，并且输出的权值更稳定。基于核函数的 ELM 模型（即 KELM）已经开始被用于预测研究中，且结果证明它比 ELM 有更好的预测效果。例如，文献[120] 使用考虑多种核函数（包含线性、径向基和小波）的 KELM 模型，并使用网络搜索数据对游客量进行了预测，结果证明 KELM 在游客量预测中优于 ARIMA、BP 和 SVR 模型。文献[121] 提出了一种基于小波变换、KELM 和粒子群算法相结合的混合预测方法，用于电力价格预测。

核函数的类型有许多，总体上分为全局性核函数和局部性核函数。全局性核函数，如多项式核函数（Polynomial KELM，Ploy – KELM）主要捕捉距离较远的两个点对核函数值产生的影响；而局部性核函数，如径向基核函数（Radial Basis Function KELM，RBF – KELM）主要捕捉距离较近的两个点对核函数值产生的影响[122]。全局性核函数和局部核函数有其各自的优势和缺点，如全局性核函数有较强的泛化能力，但是学习能力略差；而局部性核函数有较强的学习能力，但是泛化能力略差。因此，本章认为将两种核函数组合在一起，互补其缺点，可以得到更好的预测效果。

此外，滤波技术已经成为组合预测模型中非常流行的一种技术手段。因为原油价格波动受到很多随机因素或是季节因素的影响，如果不对原始数据进行预处理，直接将其用于预测，必然会影响预测的准确性。滤波技术（包含 HP 滤波、EMD 族模型）已经被广泛地应用于原油价格预测。例如，文献[58]、文献[73]、文献[122]分别将 BEMD、EEMD 和 HP 滤波技术用于原油价格预测模型中，并且取得了很好的预测效果。文献[123] 提出了一个新的滤波方法，即 Hamilton 滤波。作者认为 Hamilton 滤波可以有效地弥补 HP 滤波会产生具有虚假动态关系的序列等缺点并且有更好的稳健性。

　　不同于以往预测中使用单一核函数的 KELM 模型,本章提出了一个新的混合 KELM（Mix‒KELM）模型,并将其用于原油价格预测。该混合 KELM 模型兼具全局性核函数和局部性核函数的优点。此外,本章还考虑并且对比了三种滤波技术（HP 滤波、Hamilton 滤波和 BEMD 滤波）对混合 KELM 模型的改进效果。

4.2　研究框架及方法

4.2.1　研究框架

　　本章的研究框架可以分成两个步骤实现,即滤波与 Mix‒ELM 预测（见图 4.1）。研究采用的原始数据包含原油价格数据与网络搜索数据。第一步,滤波方法用于过滤掉原始数据中混杂的噪声或者季节性波动,以便降低数据的混杂结构带来的预测难度。在这个步骤中,选择了两种流

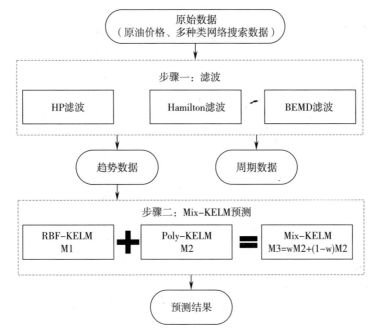

图 4.1　基于 Mix‒KELM 的原油价格预测框架

行的滤波技术（HP 滤波和 BEMD 滤波）和一个新提出的滤波技术（Hamilton 滤波），用于提取原油价格和多种类网络搜索数据降噪后的数据，即趋势数据。

第二步，基于两种不同核函数的 KELM（RBF - KELM 和 Poly - KELM）模型构建了一个混合 KELM 模型（Mix - KELM），并将其用于预测滤波后的原油价格数据。其中，多项式核函数作为典型的全局性核函数，学习能力强但泛化能力较差；而 RBF 核函数作为典型的局部性核函数，学习能力略差但泛化能力强。因此，基于这两种核函数构建的混合 KELM 模型兼具全局性核函数和局部性核函数的优点，即同时具有很好的泛化能力和学习能力。

4.2.2 HP 滤波

HP 滤波是 Hodrick 和 Prescott 在 1997 年提出的一种滤波器[124]。HP 滤波最初的目的是将 GDP 值分解为长期增长成分和周期成分。然而，这个过滤器的原理是通用的，它把时间序列分为两部分，即平滑的趋势部分和不稳定的周期部分。在宏观经济学中，平稳部分对应长期增长，而波动部分对应商业周期。在本研究中可以把原油价格数据和多种类网络关注度指数数据分解成趋势部分和周期部分。

HP 滤波是一种非参数方法，它返回一个对原油价格（或者网络关注度指数）y_t 的平滑趋势 τ_t。τ_t 的具体值通过求解如下最小化问题来获取。

$$\frac{\min}{\tau_t}\left\{\sum_{t=1}^{T}\left(y_t - \tau_t\right)^2 + \gamma\sum_{t=2}^{T-1}\left[\left(\tau_{t+1} - \tau_t\right) - \left(\tau_t - \tau_{t-1}\right)\right]^2\right\} \tag{4.1}$$

其中，T 是原油价格数据（或网络关注度指数）y_t 的数据样本量。第一个求和是对 τ_t 偏离原数据的惩罚，第二个求和是对过滤后的趋势数据（τ_t）的粗糙度的惩罚。γ 的值越大，对后者的惩罚就越大。关于更多 HP 滤波器背后的技术问题，感兴趣的读者可以参考文献[124]以及关于 HP 过滤器的其他文献。近年来，HP 滤波器在高频数据的处理中得到了较为广泛的应用，如文献[125,126]等。由于 HP 滤波器只是一个简单的最小化问题，在典型应用中其时间成本可以忽略不计。例如，文献[123]将它与其他滤波方法如小波进行测试时，发现它的速度要快得多。

4.2.3　Hamilton 滤波

虽然 HP 滤波器已经被广泛用于经济学研究中，但是 HP 滤波器在实践应用中仍存在一些问题。文献[123] 认为 HP 滤波器存在三个问题：（1）HP滤波器在底层数据生成过程中产生的序列具有虚假的、没有根据的动态关系；（2）在过滤后的数据中，在样本区间后面的数据显著不同于在中间的那些数据，也有虚假的动态特征；（3）HP 滤波中，以 $\gamma =$ 1600 作为通用参数，与问题的统计形式不一致。

为了解决以上问题，Hamilton[123] 于 2017 年首次提出了 Hamilton 滤波方法。Hamilton 认为一个典型的经济时间序列最好用随机游走来描述，就像简单的经济理论或样本外预测练习所建议的那样。Hamilton 认为我们不应该使用 HP 滤波器作为经济时间序列去趋势的通用方法。Hamilton 使用最小二乘回归模型对非平稳的时间序列 y_t 的 $t + h$ 期数据进行拟合，自变量包含 y_t 的四个过去临近点，构造回归模型如下：

$$y_{t+h} = \beta_0 + \beta_1\, y_t + \beta_2\, y_{t-1} + \beta_3\, y_{t-2} + \beta_4\, y_{t-3} + \vartheta_{t+h} \qquad (4.2)$$

通过回归模型，残差项将成为平稳的周期数据，表示如下：

$$\hat{\vartheta}_{t+h} = y_{t+h} - \hat{\beta}_0 - \hat{\beta}_1\, y_t + \hat{\beta}_2\, y_{t-1} + \hat{\beta}_3\, y_{t-2} + \hat{\beta}_4\, y_{t-3} \qquad (4.3)$$

对于季度数据，Hamilton 提到建议使用 $h = 8$ 作有关商业周期的分析，选择 $h = 20$ 作关于信用或金融周期的研究[123]。

Hamilton 滤波过程是基于文献[127] 的结果提出的，他指出对于大范围的非平稳过程来说，它的预测误差是平稳的。因此，Hamilton 滤波的一个优势是我们在使用之前不需要知道真正的数据生成过程。例如，在公式 4.2 中，因为用到了四个滞后数据，所以只要原始序列 y_t 的四阶差分是平稳的，那么就可以得到平稳的残差。

那么 Hamilton 滤波是怎么改进 HP 滤波的呢？第一，如果发现 $\hat{\vartheta}_{t+h}$ 可以预测其他变量如 x_{t+h+j}，那么就表示 y_t 确实对 x_{t+h+j} 有预测能力，而不是人为对 y_t 去趋势，因此 $\hat{\vartheta}_{t+h}$ 就是一个单边滤波器。第二，和 HP 滤波获得的周期项不同，$\hat{\vartheta}_{t+h}$ 的值通过构造将很难根据 t 时刻的变量和更早的变量预测出来。例如，如果我们发现了 y_t 确实对 x_{t+h+j} 有预测效果，这就是一个真实的数据生成过程，也就是说 x 可以格兰杰引起 y。第三，Hamilton 滤波产生的周期项 $\hat{\vartheta}_{t+h}$ 是不依赖模型的。不管数据是怎么生成的，只要 $(1-L)^d y_t$ 在 $d \leqslant 4$ 的情况下是平稳的，就存在 y_{t+h} 和 $(y_t, y_{t-1}, y_{t-2}, y_{t-3})'$ 之间的映射关系。

当 $\beta_1 = 1$，$\beta_j = 0(j = 0, 2, 3, 4)$ 时，公式 4.2 就变成了一个随机游走过程，即

$$\tilde{\vartheta}_{t+h} = y_{t+h} - y_t \tag{4.4}$$

也就是说 $\tilde{\vartheta}_{t+h}$ 表示在过去的 h 期内，y 改变了多少。这也符合我们对周期循环成分的普遍理解。因为公式 4.4 中的滤波器不需要对参数进行估计，所以可以作为一个简单、快速的滤波方法。

4.2.4　BEMD 滤波

EMD 是由美国国家宇航局的华裔科学家 Norden E. Huang 博士于 1998 年提出的一种新的处理非平稳信号的方法。EMD 分解算法已经被广泛应用于经济学研究中，它可以将原始数据分解成不同尺度的数据，且每个尺度都有具体的经济意义。EMD 的主要思想是将一个信号或者数据想象成快速波动的数据叠加缓慢波动的数据。基于这个思想，EMD 将一个时间序列表示为

$$x(t) = m_1(t) + d_1(t) \tag{4.5}$$

其中，$d_1(t)$ 是快速波动的信号，如果它进一步满足处处为局部零均值，它就是本征模函数（Intrinsic Mode Function，IMF）。这也意味着 IMF 的所有最大值都是正的，所有最小值都是负的。IMF 需要满足两个条件：（1）IMF 在整个时间范围内，局部极值点和过零点的数目必须相等，或最多相差一个；（2）在任意时刻点，局部最大值的包络（上包络线）和局部最小值的包络（下包络线）平均必须为零。相对于 $d_1(t)$ 来说，$m_1(t)$ 的波动是相对缓慢的。我们可以进一步对 $m_1(t)$ 进行分解。

$$m_1(t) = m_2(t) + d_2(t) \tag{4.6}$$

这样迭代对 m_k 进行分解，我们发现 $x(t)$ 可以通过式4.7来表示：

$$x_k(t) = m_k(t) + \sum_{k=1}^{K} d_k(t) \tag{4.7}$$

具体来说，EMD 的分解过程可以通过以下步骤实现：

（1）识别序列 $x(t)$ 所有的极值点；

（2）使用三次样条曲线计算出极致点的上下包络，即 $e_{min}(t)$ 和 $e_{max}(t)$；

（3）计算上下包络线的平均值，即 $m(t) = (e_{min}(t) + e_{max}(t))/2$；

（4）用原始信号减去包络平均值，即 $h(t) = x(t) - m(t)$；

（5）检查 $h(t)$ 是否满足 IMF 的条件，如果不满足则以 $h(t)$ 代替 $x(t)$，重复以上步骤，直到满足条件，这时 $h(t)$ 就是需要提取的 IMF；

（6）每得到一个 IMF，就用原始信号 $x(t)$ 减去它，重复以上步骤，直到满足停止条件。

BEMD 由 Rilling 等首次在文献[128]中提出，是对 EMD 模型的一个二元的扩展。其主要实现步骤为：

（1）定义一系列的投影方向 $\varphi_k (k = 1,2,\cdots,N)$，对每一个映射方向重复步骤（2）至步骤（4）；

（2）计算复数形式的信号 $x(t)$ 在 φ_k 反向的映射：$p_{\phi_k}(t) = Re(e^{-i\phi_k} x(t))$；

（3）识别 $p_{\phi_k}(t)$ 的极值，表示为 $\{t_i^k, p_i^k\}$；

（4）使用三次样条曲线 $\{(t_i^k, e^{i\phi_k} p_i^k)\}$ 计算在投影方向 φ_k 上的局部包络，即 $e_{\varphi_k}(t)$；

（5）计算所有包络曲线的均值：$m(t) = \dfrac{2}{N} \sum_{k=1}^{N} e_{\phi_k}(t)$；

（6）提取高速波动部分：$d(t) = x(t) - m(t)$。

与传统的 EMD 方法相比，BEMD 具有两个优点。一是 BEMD 具有更好的尺度对应效果，可以自适应地将两个变量分解为在相似时间尺度上具有相似意义的匹配模态，因此适合本研究中考虑了网络搜索数据的原油价格预测模型。二是由于即使是微弱的噪声也可以通过投影法来识别，BEMD 可以有效地避免模态混合问题。

4.2.5　混合 KELM 模型

ELM 是一种单隐层前馈神经网络的快速学习方法，最早由 Huang 等人提出，且被推广到广义单隐层前馈网络[117]。ELM 的关键原理是隐藏节点的参数可以随机分配，然后输出权值可以通过隐层输出矩阵的一个简单的广义逆运算来表示。ELM 已经得到了各领域的广泛关注，并被用于处理回归和分类问题。

给定一系列训练样本 $\left\{x_i, t_i \mid (x_i \in R^d, t_i \in R^m)\right\}_{i=1}^N$，其中 d 是数据的维度，m 是输出节点的个数，N 是数据的样本长度。那么 ELM 的输出方程为

$$f(x) = \sum_{i=1}^{L} \beta_i h_i(x, \omega_i, b_i) = h(x)\beta \tag{4.8}$$

其中，L 是隐藏节点的个数，$\beta = [\beta_1, \beta_2, \cdots, \beta_L]^T$ 是隐含层和输出层之间的权重，ω 和 b 是隐含层的学习参数，$h_i(x, \omega_i, b_i)$ 表示 x 在第 i 个神经元的输出。根据 ELM 的基本原理，ELM 的目标函数是使训练误差 ξ_i 最小，即

$$\min_{\beta} \frac{1}{2} \|\beta\|^2 + \frac{C}{2} \sum_{i=1}^{N} \|\xi_i\|^2$$
$$\text{s. t. } h(x_i)\beta = t_i - \xi_i, i = 1, 2, \cdots, N \tag{4.9}$$

其中，C 是建模者需要提供的一个参数，用于在输出权重和训练错误之间进行权衡。根据 KKT 定理，公式 4.9 等价于求解下面的对偶优化问题：

$$L = \frac{1}{2} \|\beta\|^2 + \frac{C}{2} \sum_{i=1}^{N} \|\xi_i\|^2 - \sum_{i=1}^{N} \sum_{j=1}^{m} \alpha_{i,j}(h(x_i)\beta_j - t_{i,j} + \xi_{i,j}) \tag{4.10}$$

分别对 β、ξ 和 α 进行求导，ELM 的输出函数如下：

（1）当训练样本数量较大时，ELM 回归的输出函数为

$$f(x) = h(x) \left(\frac{1}{C} + H^T H\right)^{-1} H^T T \tag{4.11}$$

（2）当训练样本数量较小时，ELM 回归的输出函数为

$$f(x) = h(x) H^T \left(\frac{1}{C} + H H^T\right)^{-1} T \tag{4.12}$$

文献[129]提出，如果隐含层函数 $h(\cdot)$ 未知，可以在 ELM 模型中应用 Mercers 条件，为 ELM 定义一个核矩阵，其形式如下：

$$K_{ELM} = HH^T; K_{ELMi,j} = h(x_i)h(x_j) = \kappa(x_i, x_j) \tag{4.13}$$

因此 ELM 模型输出的核形式可以表示为

$$f(x) = \begin{bmatrix} \kappa(x, x_1) \\ \vdots \\ \kappa(x, x_N) \end{bmatrix} \left(\frac{1}{C} + K_{ELM} \right)^{-1} T \tag{4.14}$$

不同核函数都有不同的形式，表 4.1 给出了一些典型核函数的具体形式。

表 4.1　　　　　　　　　不同核函数的公式表示

核函数	公式
多项式核函数	$\kappa(x, y) = \left(x^T y + \alpha \right)^d$
径向基核函数	$\kappa(x, y) = \exp\left(\dfrac{-\|x - y\|^2}{2\sigma^2} \right)$
线性核函数	$\kappa(x, y) = x^T y$
小波核函数	$\kappa(x, y) = \cos\left(\dfrac{a\|x - y\|}{e} \right) \exp\left(\dfrac{-\|x - y\|^2}{f} \right)$

选择典型的全局性核函数（多项式核函数）和局部性核函数（径向基核函数）构建混合核函数。该混合核函数是多项式核函数和径向基核函数的线性组合。

$$\kappa(x, y) = \omega(x^T y + \alpha)^d + (1 - \omega)\exp\left(\frac{-\|x - y\|^2}{2\sigma^2} \right) \tag{4.15}$$

其中，$\omega \in (0,1)$ 是权衡全局性核函数和局部核函数在混合核函数中权重的系数。在具体实证研究中，使用网络搜索法确定最优的 ω。最后，将构建的混合核函数引入 KELM 模型中，构成本章提出的 Mix – KELM 模型。

4.3　实验数据及预测评价指标

4.3.1　数据描述

本章预测的对象是 Brent 原油现货价格，数据来源于 EIA（https://

www. eia. gov）。特别地，本书在第三章已经通过频率格兰杰因果关系检验的方法证明了网络搜索数据对原油价格的预测能力，且多种类的网络搜索数据对原油价格有不同的预测效果：基础指数和经济指数有着更好的预测效果。因此，本章收集了更多的有关基础关键词和经济相关关键词的网络搜索数据。具体搜集过程为：（1）选择基础关键词"crude oil price"；（2）使用谷歌趋势的相关性推荐工具，收集了 32 个和"crude oil price"搜索相关性较高的并且属于基础关键词以及经济关键词的网络搜索数据；（3）将收集的 32 个网络搜索数据通过加和的方法合并形成一个综合的网络关注度指数。

对于原油价格数据和网络搜索数据的样本区间，本章都选择和第三章一样的数据频率和数据长度，即从 2004 年 1 月至 2019 年 9 月的月度数据，数据样本量为 189 条。将原油价格数据和网络搜索数据分成训练集和测试集两个部分，其中，前 80% 的样本作为训练集，后 20% 的样本作为测试集。Brent 原油现货数据和基于 32 个关键词的网络搜索量构建的网络关注度指数如图 4.2 所示。

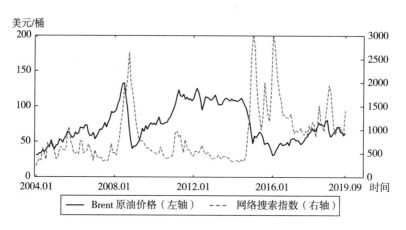

图 4.2　Brent 原油价格数据和网络关注度指数

从图 4.2 可以看出，原油价格和本书构建的网络关注度指数有着相似的波动趋势。尤其是在 2008 年的国际金融危机、2011 年的欧洲金融危机和 2014 年供需失衡导致的原油大幅下降时期。另外，从图中不难看出 2016 年谷歌搜索引擎更换了数据的搜集和处理方式，对网络搜索数据运动趋势也造成了较大的影响。

4.3.2 预测评价指标

为了评估模型的预测性能,使用了两个常用的评价指标:平均绝对百分比误差(Mean Absolute Percent Error,MAPE)和均方根误差(Root Mean Squared Error,RMSE)。

$$MAPE = \frac{1}{M} \sum_{t=1}^{M} \left| \frac{y_t - \hat{y}_t}{y_t} \right| \tag{4.16}$$

$$RMSE = \sqrt{\frac{1}{M} \sum_{t=1}^{M} (\hat{y}_t - y)^2} \tag{4.17}$$

其中,$\hat{y}_t$ 和 y_t($t = 1, 2, \cdots, M$)分别是在时间 t 的预测值和实际值,M 是训练集或者测试集样本的大小。

为了从统计学上证明所提出模型的优越性,对预测结果执行了 Diebold – Mariano(DM)检验。该检验是用于检验不同预测模型的预测能力是否存在显著差别的定量分析方法,该方法的零假设为目标模型 A 的预测准确度低于其基准模型 B。使用均方误差作为损失函数,DM 检验的统计量为

$$S = \frac{\bar{g}}{(\hat{V}/M)^{1/2}} \tag{4.18}$$

其中,$\bar{g} = 1/M \sum_{t=1}^{M} \left[(y_t - \hat{y}_{A,t})^2 - (y_t - \hat{y}_{B,t})^2 \right]$,$\hat{V} = \gamma_0 + 2 \sum_{l=1}^{\infty} \gamma_l$,其中,$\gamma_l = \text{cov}(g_t, g_{t-l})$,而 $\hat{y}_{A,t}$ 和 $\hat{y}_{B,t}$ 分别代表模型 A 和模型 B 对预测目标在时间 t 的预测。

特别地,在本章的研究设计中,我们采用了多步长预测的方法,分别评估提出的混合 KELM 方法在提前 1 步(即 1 个月)和提前 2 步(即 2 个月)的预测效果,对于原油价格的时间序列 $x_t(t = 1, 2, \cdots, N)$,提前 h 步长预测的表达式如式 4.19。

$$\hat{x}_{t+h} = f(x_t, x_{t-1}, \cdots, x_{t-(l-1)}) \tag{4.19}$$

其中,$\hat{x}_{t+h}$ 是原油价格提前 h 步的预测值,x_t 是原油价格和搜索指数在 t 时

刻的真实值，在本章实验设计中 $h=1$，2，参数 l 是原油价格预测过程中的滞后期。

4.4 实验结果

4.4.1 滤波结果

在 HP 滤波中，本章的主要目的不是完全过滤掉原始原油价格和网络关注度指数的周期成分，而在于过滤掉影响预测效果的噪声部分。因此，选择了比较小的平滑系数 $\gamma=10$，减小对过滤后的趋势数据（即 τ_t）的粗糙度的惩罚。最终，HP 滤波结果如图 4.3 所示。可以发现：通过 HP 滤波，原油价格和指数的趋势部分趋于平滑，而波动部分围绕着 0 值上下波动。

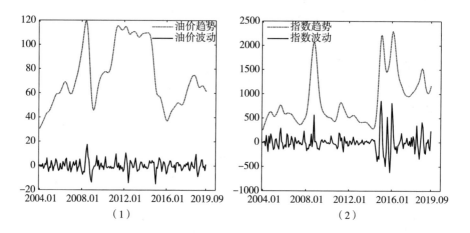

图 4.3 HP 滤波结果

在 Hamilton 滤波中，不仅选择了回归模型，还考虑了使用随机游走模型对原始数据进行滤波。根据文献[130]，HP 滤波的一个技术缺陷在于忽视了原数据的随机游走过程，因为它产生的是平稳的趋势。在回归模型中，考虑未来 4 个月的预测误差，即 $h=4$，滞后期为 2 个月，即 $p=2$，拟合后的回归方程为

$$oil_t = 43.29 + 0.76oil_{t-12} - 0.33\,oil_{t-13} + 0.0082oil_{t-14} + \varepsilon_t \quad (4.20)$$

$$Index_t = 680.91 + 0.25 Index_{t-12} - 0.11\, Index_{t-13} + 0.1 Index_{t-14} + \varepsilon_t$$

$$(4.21)$$

对应的随机游走模型结果为

$$\varepsilon_{t,oil} = oil_t - oil_{t-12} \qquad (4.22)$$

$$\varepsilon_{t,Index} = Index_t - Index_{t-12} \qquad (4.23)$$

由回归模型和随机游走模型滤波后的结果如图4.4所示。研究发现与HP滤波不同，Hamilton滤波中趋势数据不像HP滤波那样平滑，保留了更多的波动信息，而波动数据的波动幅度也大于HP滤波中的波动数据。尤其是网络关注度指数，趋势数据和波动数据都有着很大的振幅。

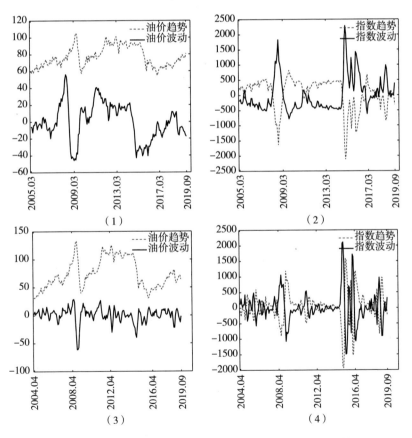

图4.4　Hamilton 滤波结果 [（1）图和（2）图基于回归模型，
（3）图和（4）图基于随机游走模型]

在 BEMD 滤波中，首先将原始数据分解成六个经验模态函数和一个趋势序列。在实际处理过程中，将前两个模态作为短期波动噪声，并将剩余的四个模态和趋势序列进行加和，最终作为 BEMD 滤波后的趋势数据，结果如图 4.5 所示。研究发现经过 BEMD 滤波后的趋势数据光滑度介于 HP 滤波和 Hamilton 滤波之间，既保留长期趋势，又能很好地刻画一些较大的波动信息。

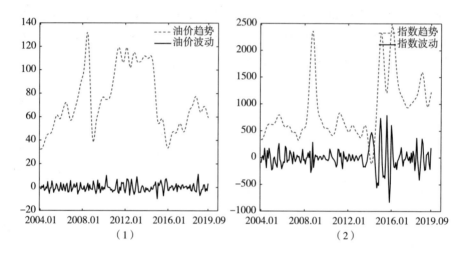

（1）　　　　　　　　　　　　　　　（2）

图 4.5　.BEMD 滤波结果

4.4.2　预测结果

本章提出了一个新的 Mix‒KELM 模型用于原油价格预测，该模型兼具全局性核函数（即 Poly‒KELM）和局部性核函数（即 RBF‒KELM）的优点。为了突出 Mix‒KELM 模型的优点，将其与其构成成分 Poly‒KELM 和 RBF‒KELM 分别进行了对比。此外，还评估了不同滤波技术对 Mix‒KELM 模型预测效果的改进情况。

在 RBF 核函数中的参数是根据网络搜索法确定的，参数 $\sigma = 0.3$；在 Poly 核函数中，α 和 d 的值分别为 10 和 2；惩罚参数 C 设置为 1。所有的滤波方法和预测模型都是通过 Matlab 2018b 软件实现的。

本章分别统计了步长为 1（提前 1 个月）和 2（提前 2 个月）时，每个预测模型的预测精度，即 MAPE 和 RMSE，结果如表4.2所示。我们从表4.2中可以得到一些重要的结论。首先，提出的混合 KELM 模型无论在提前1个月，还是2个月的情况下，都优于单一的 KELM 模型。具体地，混合 KELM 模型在提前1个月的情况下对 RBF－KELM 模型和Poly－KELM 模型的 MAPE 分别提升了12.02%和4.31%，RMSE 分别提升了8.98%和5.59%。在提前2个月的情况下，混合 KELM 模型对 RBF－KELM 模型和 Poly－KELM 模型的 MAPE 分别提升了2.88%和3.14%，RMSE 分别提升了1.92%和6.21%。可见随着步长的增加，混合 KELM 模型预测提升效果有所减弱，但是仍具有稳健的提升效果。实验结果充分证明提出的混合 KELM 模型充分吸收了全局性核函数（Poly核）和局部性核函数（RBF核）的优势，能达到更好的预测效果。

表4.2　　　　　　　　　　原油价格预测性能比较

模型	提前1个月		提前2个月	
	MAPE（%）	RMSE	MAPE（%）	RMSE
RBF－KELM	6.82	5.01	9.03	6.78
Poly－KELM	6.27	4.83	9.08	7.09
Mix－KELM	6.00	4.56	8.77	6.65
HP－Mix－KELM	3.92	3.26	4.30	3.30
HR－Mix－KELM	7.64	5.43	9.20	7.22
HRW－Mix－KELM	5.69	4.53	8.76	7.07
BEMD－Mix－KELM	1.35	0.62	3.10	1.42

注：HR（Hamilton Filter by Regression，基于回归的 Hamilton 滤波）；HRW（Hamilton Filter by Random Walk，基于随机游走的 Hamilton 滤波）。

此外，研究对比了不同滤波技术对混合 KELM 模型的改进情况，也得到一些有意思的结果。第一，研究发现 BEMD 滤波在所有的滤波技术中表现最好，能最大限度地提升混合 KELM 模型的预测效果。具体地，BEMD 滤波在提前1个月和2个月的情况下，对混合 KELM 模型的 MAPE 分别提升了77.50%和64.65%；RMSE 提升了86.40%和78.65%。第二，HP 滤波效果达到次优，但优于 Hamilton 滤波。具体地，HP 滤波在提前1个月和2个月的情况下，对混合 KELM 模型的 MAPE 分别提升了34.67%

和 50.97%；RMSE 提升了 28.51% 和 50.38%。第三，在提升油价的预测精度上，基于随机游走的 Hamilton 滤波，优于基于回归的 Hamilton 滤波。具体地，研究发现基于随机游走的 Hamilton 滤波能在一定程度上提升混合 KELM 模型的预测精度，例如，在提前 1 个月的情况下，基于随机游走的 Hamilton 滤波分别降低了 MAPE 和 RMSE 约 5.17% 和 0.66%。但是，基于回归的 Hamilton 滤波不能提升 Mix – KELM 的预测效果。

在这里，本研究得到了与很多研究不同的结论，因为 Hamilton 滤波作为 HP 滤波的一个替代方法，在很大程度上改进了 HP 滤波技术，而且一些现有研究证明了 Hamilton 滤波的预测效果优于 HP 滤波[130]。但是研究却得到了相反的结果，其中的原因可能是：（1）Hamilton 滤波比较适合季度数据的分解，例如提出在本书中以及现有的应用研究中 Hamilton 滤波都使用了季度数据。季度数据能通过回归方法很好地分离季节性的周期波动。（2）Hamilton 滤波，尤其是基于随机游走的 Hamilton 滤波是不依赖参数的，这本来是它的一个优势。但是研究发现，在实际的预测实践中，我们往往希望能够调节滤波的参数来得到更好的滤波结果，例如，在 HP 滤波中，通过调节平滑因子，进而得到更适合预测的趋势数据，即又保留趋势又希望留下一些必要的波动信息。这也是为什么没有使用 HP 滤波中默认的平滑指数（$\gamma = 1600$），而是选择了更小的平滑因子（$\gamma = 10$），因为研究证明 $\gamma = 1600$ 造成了对原始数据的过度分解，反而达不到更优的预测效果。而反观 Hamilton 滤波，通过图 4.4，我们发现趋势中保留了太多复杂波动信息，尤其是针对网络关注度指数的分解，几乎无法区分趋势和波动项，这样反而会影响到预测效果。

4.4.3 稳健性检验

为了从统计的角度证明本研究提出的混合 KELM 模型的优势，并比较不同滤波器对混合 KELM 模型的改进效果，本章使用 DM 检验证明该模型是否在统计上优于基准模型。为此，我们设置了两组对比实验：一组对比了混合 KELM 模型和单 KELM 模型的预测效果。另一组还对比了不同滤波器是否能在统计上改进提出的 KELM 模型的预测效果。在两组 DM

检验中，选择绝对百分比误差作为损失函数，因此检验的零假设分别为：混合 KELM 模型绝对百分比误差不小于基准单个 KELM 模型；加入滤波器的混合 KELM 模型绝对百分比误差不小于混合 KELM 模型。表 4.3 展示了提前 1 个月和提前 2 个月情况下的 DM 检验结果。

表 4.3　　　　　　　不同预测方案效果对比的 DM 检验结果

模型	提前 1 个月		提前 2 个月	
	DM 统计值	P 值	DM 统计值	P 值
RBF – KELM	− 3.177	0.000	0.142	0.556
Poly – KELM	− 3.331	0.000	− 1.664	0.048
HP – Mix – KELM	− 1.846	0.032	− 3.523	0.00
HR – Mix – KELM	3.108	0.999	2.849	0.998
HRW – Mix – KELM	3.397	0.999	4.101	1.000
BEMD – Mix – KELM	− 1.934	0.027	− 2.427	0.008

DM 检验的结果基本支持在上一节中得到的预测结果。首先，研究发现在步长为 1 时，混合 KELM 模型显著优于单个 KELM 模型。但是研究发现在步长为 2 时，KELM 模型预测效果有所减弱，虽然优于 Poly – KELM 的预测效果，但是并没能显著优于 RBF – KELM 模型的预测效果。因此，本研究提出的混合 KELM 模型比较适合于短期预测，这个结论和文献[131]的结果相吻合。其次，研究发现在步长为 1 和 2 时，只有 HP 滤波和 BEMD 滤波能改进混合 KELM 模型的预测效果，Hamilton 滤波的效果并不是很好，不能提升 Mix – KELM 模型的预测效果，具体原因已经在上一节内容中进行了阐述。

4.5　本章小结

ELM 模型已经成为了原油价格预测的流行工具，且有着很好的表现。融入核函数的 KELM 模型可以使输出的权值更加稳定。单一 KELM 模型的预测效果依赖核函数的选择，全局性核函数和局部性核函数各有其优势和缺点。因此，本书提出了一个新的混合 KELM 模型，并将其用于原油价格预测。该混合 KELM（Mix – KELM）模型兼具全局性核函数和局部性核函数的优点，同时具有很好的学习能力和泛化能力。此外，对比了三种滤波技术（即 HP 滤波、Hamilton 滤波和 BEMD 滤波）对混合 KELM 模型的改进效果。

选择 2004 年 1 月到 2019 年 9 月的 Brent 原油价格作为预测目标，32 个网络搜索数据构成的网络关注度指数作为预测因子，本章得到了一些有意思的结论：（1）提出的混合 KELM 模型无论在提前 1 个月还是 2 个月的情况下，都优于单一的 KELM 模型（即 RBF – KELM 和 Poly – KELM）。（2）评估不同的滤波技术对混合 KELM 模型的改进效果，发现 BEMD 滤波表现最好，HP 滤波次之，Hamilton 滤波较差。基于随机游走的 Hamilton 滤波仅能够有限地提升预测精度，基于回归的 Hamilton 滤波不能提升预测效果。（3）DM 检验结果基本支持以上结论，而且证明本章提出的混合 KELM 模型比较适合于短期预测。此外，还分析了 Hamilton 滤波作为 HP 滤波的一种改进形式为什么不能提升混合 KELM 模型的预测效果。

第五章 原油价格和多语言网络关注度的动态与多尺度联动机制研究

5.1 引言

投资者关注度在经济中的作用已经成为股票市场研究中的热点问题，研究结果也被认为是对传统资产定价理论构成了挑战：该理论认为，投资者关注度确实会影响股票价格。但是，现有研究却很少涉及关于投资者关注度与原油价格之间的关系。现有研究虽然主要关注原油价格是如何确定的，以及会受到哪些传统因素的影响（例如，宏观经济和货币冲击等因素），但是通常忽略了行为因素对原油价格趋势的影响。随着互联网技术的发展，网络搜索行为已经成为影响原油价格的因素之一。

当下，个人和机构的投资者越来越关注与原油相关的金融产品，如基金、期货及其他衍生品[109]。例如，文献[132]指出，近年来，指数和对冲基金管理公司都增加了能源大宗商品的持有量，表明它们在投资组合选择中越来越多地涉及原油市场。而寻求理性优化投资组合的投资者必须了解情绪对原油价格的影响。伴随着原油市场最近发生的几次重大变化，这个问题就更加重要了。第一个重大变化是金融危机以来原油市场的剧烈波动。第二个重大变化是已经有文献证明，油价下跌与经济活动的扩张（停滞）和股价的上涨（下跌）之间的常规联系正在弱化甚至消失。第三个重大变化是商品市场参与者的结构性变化，也是原油商品的金融化。因此，研究投资者关注度与原油价格之间的联动机制越发重要。

第三章已经研究了原油市场和原油价格之间的频率格兰杰因果关系，同时也对现有的研究作了初步的综述。不论是第三章的研究，还是以上研究都局限于使用英语搜索指数来研究原油价格和网络关注度之间的联动机制。例如，现有的研究往往使用英语关键词如"oil prices""crude oil""price of oil"等的搜索量进行原油价格预测。这种英语搜索量只能衡量以英语为主要语言的地区（例如，美国、英国、加拿大等）的网络关注度，却忽略了其他非英语国家和地区的网络关注度。而原油市场作为典型的国际市场，吸引了全世界的投资者尤其是来自主要的原油出口国（例如，沙特阿拉伯、俄罗斯）和进口国（例如中国）的投资者。因此本书考虑研究不同语言的搜索量数据和原油价格的联动关系。

此外，现有研究主要关注原油价格和投资者关注度在固有尺度的静态联动机制。但是，二者之间的动态多尺度联动机制也是很重要的研究方向。首先，不同投资者对不同尺度的投资侧重点不同。例如，短线投资的投资者，如短线操盘手或对冲基金，更关心市场的短期表现，他们的决定很大程度上依赖短期现象，如突发事件和心理因素。这意味着他们对冲击的反应主要发生在短期内。与此同时，其他投资者，如大型机构投资者，则把注意力集中在长期的市场表现上，因此他们对外部冲击的反应大多体现在长期上。在这种情况下，确定原油价格和网络关注度之间在不同尺度的联动机制是十分必要的。其次，不论是不同的原油价格之间，还是原油价格和其他相关因素，它们之间的联动机制并不是一成不变的[133,134]。研究原油价格和网络关注度之间的时变联动机制，对实时更新投资策略及风险管控都至关重要。本书在第三章已经使用频率格兰杰因果检验的方法研究原油市场和网络关注度之间的频率联动机制，为不同尺度下的原油价格预测提供了有价值的信息。但是这个研究忽略了二者的联动机制的时变性。

小波相干分析是一种可以同时分析两个市场时域和频域联动机制的流行技术，并且广泛用于市场之间的联动机制研究。例如，文献[135]使用小波相干的方法研究了原油价格和汽车股票收益的联动机制；文献[136]基于小波相干的方法分析了经济活动和原油价格的联动机制；文献[137]应用小波相干的方法分析了天然气价格和原油价格的联动机制。该方法还被文献[138]用来研究生物质能源消耗和二氧化碳排放之间的相关关系。但是迄今为止，现有研究还没有应用该方法研究原油价格和网络关注度研究。

本章采用小波相干的方法研究不同语言的网络搜索数据和原油价格之间的联动机制。本章的主要贡献是：（1）在现有研究只关注英语搜索数据的情况下，首次研究和对比不同语言的网络搜索数据和原油价格之间的联动机制；（2）在现有研究普遍只关注静态、固定尺度联动机制的情况下，首次研究原油市场和网络关注度的动态多尺度联动机制。

5.2　研究方法

5.2.1　确定多语言网络搜索数据

由于世界上语言种类繁多，我们不能研究所有的语言与原油价格的联动机制。本章首先通过语言筛选来选择那些有影响力的语言，再确定对应的关键词，获取多语言网络搜索数据。

语言筛选旨在选择在原油市场和谷歌市场上均起主导作用的有影响力的语言。一方面，来自主要原油生产国或消费国的投资者可能在原油市场更活跃，并更加关注油价的走势[139]，从而对原油市场贡献更多的关注并产生更大的影响。因此，根据英国原油公司统计的各个国家原油生产或消费份额数据，选择那些在原油市场起主导作用的国家所使用的语言（此处阈值为3%）。另一方面，如文献[111]所述，如果谷歌不是当地主导的搜索引擎，谷歌趋势所统计的搜索量可能会低于实际的搜索量。因此，过滤掉了谷歌市场份额低于50%的国家所对应的语言。

对于从上一个步骤中筛选出的语言，我们需要确定在这些语言下"oil price"这个关键词所对应的多语言关键词。选择"oil price"这个关键词是因为它直接与我们的预测目标相关、经常被搜索者（或投资者）使用以及在现有研究中占主导地位[140]。根据确定的多语言关键词，在谷歌趋势中搜集它们所对应的搜索量，以进行下一步的分析。

5.2.2　小波

小波是一个实值平方可积函数 $\phi \in L^2(R)$，小波可以定义为

$$\varphi_{u,s}(t) = \frac{1}{\sqrt{s}}\,\varphi\,\frac{t-u}{s} \tag{5.1}$$

其中，$\frac{1}{\sqrt{s}}$ 是一个保证小波单位方差的归一化因子，$\|\varphi_{u,s}\|^2 = 1$。小波有两个控制参数，分别为 u 和 s。控置参数 u 决定小波的准确位置，s 是定义小波拉伸或者压缩的尺度因子。尺度与频率成反比，更低（更高）的尺度意味着更多（较少）压缩的小波，也意味着时间序列的更高（更低）的频率。小波需要满足一定的条件，其中最重要的就是确保通过小波变换重建时间序列的容许条件：

$$C_\varphi = \int_0^\infty \frac{|\psi(f)|^2}{f}df < \infty \tag{5.2}$$

其中，$\psi(f)$ 是小波 $\phi(\cdot)$ 的傅里叶变换。容许条件意味着小波不具有零频率分量，因此小波的均值为零（$\int_{-\infty}^\infty \phi(t)dt = 0$）。此外，小波通常被归一化为具有单位能量，即 $\int_{-\infty}^\infty \phi^2(t)dt = 1$。

小波有很多类型，每种小波都有它的特征和目的。本研究采用的是 Morlet 小波，这个小波定义是

$$\varphi^M(t) = \frac{1}{\pi^{1/4}}\,e^{i\omega_0 t}\,e^{-t^2/2} \tag{5.3}$$

其中，参数 ω_0 表示小波的中心频率。Morlet 小波属于复小波或解析小波家族。这个小波同时具有实部和虚部，使我们能够同时研究振幅和相位。

5.2.3　连续小波变换

连续小波变换 $W_x(u,s)$ 指将一个小波 $\phi(\cdot)$ 投影到目标时间序列 $x_t \in L^2(R)$。

$$W_x(u,s) = \int_{-\infty}^\infty x(t)\,\frac{1}{\sqrt{s}}\,\varphi\left(\frac{t-u}{s}\right) \tag{5.4}$$

连续小波变换的一个重要特征是能够分解并随后完美地重构一个时间序列 $x_t \in L^2(R)$。

$$x(t) = \frac{1}{C_\varphi}\int_0^\infty \left[\int_{-\infty}^\infty W_x(u,s)\,\varphi_{u,s}(t)du\right]\frac{ds}{s^2}, s > 0 \tag{5.5}$$

连续小波变换保持了被测时间序列的能量。

$$\|x\|^2 = \frac{1}{C_\varphi} \int_0^\infty \left[\int_{-\infty}^\infty |W_x(u,s)|^2 du \right] \frac{ds}{s^2} \tag{5.6}$$

后文将根据小波变换的这个性质来解释小波相干，小波相干用于衡量两个变量之间的相关性。

5.2.4　小波相干

小波相干是一种结合连续小波变换与谱分析技术，用于一对时间序列间多时间尺度下动态联动机制分析的方法。在解释小波相干之前，我们首先需要了解交叉小波变换和交叉小波能量。两个时间序列 $x(t)$ 和 $y(t)$ 的交叉小波变换为

$$W_{xy}(u,s) = W_x(u,s) * W_y^*(u,s) \tag{5.7}$$

其中，$W_x(u,s)$ 和 $W_y(u,s)$ 分别是 $x(t)$ 和 $y(t)$ 的连续小波变换。参数 u 和 s 分别指位置参数和伸缩参数，符号 $*$ 表示复共轭。利用交叉小波变换可以方便地计算出交叉小波功率 $|W_{xy}(u,s)|$。交叉小波功率可以在时间—频率空间中揭示时间序列中具有高共功率的区域，即表示时间序列在各个尺度的局部协方差。

小波相干可以在时频领域检测两个时间序列在某一位置的相关性，这个检测不需要两个时间序列有高的共同能量。小波相干系数可以定义为

$$R^2(u,s) = \frac{|S(s^{-1} W_{xy}(u,s))|^2}{S(s^{-1} |W_x(u,s)|^2) S(s^{-1} |W_y(u,s)|^2)} \tag{5.8}$$

其中，S 是一个平滑算子，小波相干系数的平方取值范围为 $0 \leqslant R^2(u,s) \leqslant 1$。小波相干系数接近 0 表示较弱的相关性，接近 1 表示较强的相关性。因此，类似于回归方程中的相关系数的平方，小波相干系数的平方可以识别两个平稳的时间序列在每个频率尺度的线性相关性。

由于小波相干性的理论分布是未知的，小波相干通过蒙特卡罗模拟来检测统计上的显著性。小波的使用使处理有限长度数据集上的边界条件变得困难，这是任何一个依赖滤波器进行数据转换的共性问题。为了处理这个问题，本研究用足够的零值填补时间序列。此外，我们不能忽

视那些由不连续小波变换引起的误差，误差的边界效应曲线叫作影响锥。

5.2.5　小波相位

本研究还使用了小波相干相位差异来显示所研究的两个时间序列之间的波动（周期）滞后情况。小波相位差可以定义为

$$\phi_{xy}(u,s) = \tan^{-1}\left(\frac{\Im\{S(s^{-1}W_{xy}(u,s))\}}{\Re\{S(s^{-1}W_{xy}(u,s))\}}\right) \tag{5.9}$$

其中，相位由小波相干图上的箭头表示。零相位偏差意味着被检查的时间序列一起波动，没有滞后或者提前的情况。当箭头指向右（左）时，时间序列同相（反相），相关性为正（负）相关。箭头向上表示第一个时间序列领先第二个时间序列 90°，反之箭头向下表示第二个时间序列领先第一个时间序列 90°。但是，在一般情况下，实验结果会更加复杂，例如，箭头向右上方，表示两个时间序列同相，且第一个时间序列领先第二个时间序列。

5.3　实验数据

5.3.1　数据来源及筛选

因为原油市场是国际化的市场，受到了全世界投资者的广泛关注，所以对于网络搜索数据，选择全球最大的搜索引擎——谷歌的搜索量数据作为研究数据样本。具体数据来源于谷歌趋势（http://www.google.com/trends），谷歌趋势是谷歌推出的一款基于搜索日志分析的应用产品，能基于搜索引擎的搜索结果统计关键词在一定时间内的搜索频率。数据样本时间区间是从 2013 年 7 月 7 日到 2018 年 6 月 25 日，因为谷歌趋势仅提供最长 5 年的周度数据。此外，对于原油相关关键词来说，周度数据不仅能保证数据样本多，而且数据质量也更高。具体本研究通过语言筛选和关键词确定两个步骤来获取需要研究的多语言网络搜索数据。

语言筛选旨在选择在原油市场和谷歌市场上均起主导作用的且具有影响力的语言。一方面，来自主要原油生产国或消费国的投资者可能在

原油市场更活跃，并更加关注油价的走势[139]，从而对原油市场贡献更多的关注并产生更大的影响。因此，本研究根据英国原油公司统计的2016年各个国家原油生产或消费份额数据，选择那些起主导作用的国家所使用的语言（此处阈值为3%）构建多语言关注度指数，结果如表5.1所示。在2016年市场份额超过3%的语言中，有9种语言在原油市场中占主导地位，这些语言覆盖范围分别占全球原油生产的90%和消耗的74%。从生产方面来说，阿拉伯语扮演着重要的角色，主要覆盖了中东国家，这些国家大多是主要原油生产国（例如沙特阿拉伯）。从消费方面来说，英语主要覆盖的国家（例如美国、英国和加拿大）在原油市场中占主导地位。

表 5.1　　　　　　　　2016 年全球原油生产和消耗占比

（按照语言合并选择占比大于 3% 的语言）

原油生产比例		原油消耗比例	
阿拉伯语	32.30%	英语	32.35%
英语	22.30%	中文	14.60%
俄语	12.60%	阿拉伯语	7.20%
西班牙语	8.50%	西班牙语	5.90%
葡萄牙语	5.10%	日语	4.20%
波斯语	4.90%	俄语	3.50%
中文	4.60%	葡萄牙语	3.40%
		德语	3.10%

另一方面，如文献[111]所述，如果谷歌不是当地主导的搜索引擎，谷歌趋势所统计的搜索量可能会低于实际的搜索量。因此，过滤掉了谷歌市场份额低于50%的国家所对应的语言。

表5.2列出了2018年相关国家的谷歌市场占有率，这些国家以表5.1的某一种语言作为官方语言。结果显示在上面筛选的9种有影响力的语言中只有7种对应的国家以谷歌作为主要的搜索引擎。这些国家不包含中国和俄罗斯。在中国，百度在搜索引擎市场占据主导地位，2018年其市场份额为73.84%，而谷歌仅占1.69%。在俄罗斯联邦，YANDEX-RU以50.87%的占比主导搜索引擎市场。因此，我们认为中文和俄文在

谷歌的关键词搜索数量不能代表总体搜索情况，需要从语言列表中删除。

表 5.2　　　2018 年谷歌在主要原油生产和消耗国的市场占有率

语言	主要覆盖国家	谷歌市场占有率
英语	美国	86.39%
	印度	97.49%
	加拿大	90.48%
阿拉伯语	沙特阿拉伯	97.24%
	伊拉克	95.90%
	阿拉伯联合酋长国	96.66%
西班牙语	墨西哥	95.86%
	委内瑞拉	94.98%
	西班牙	95.23%
葡萄牙语	巴西	96.29%
	安哥拉	92.41%
中文	中国	1.69%
俄语	俄罗斯联邦	45.77%
日语	日本	72.00%
德语	德国	93.45%
波斯语	伊朗	98.38%

资料来源：http：//gs.statcounter.com/search – engine – market – share.

　　根据上一个子步骤，筛选出了 7 种在原油市场有影响力的语言，即英语、阿拉伯语、西班牙语、葡萄牙语、日语、德语和波斯语。根据这些语言，我们确定了与之对应的关键词 "oil price"（英语）、"سعر النفط"（阿拉伯语）、"Precio delpetróleo"（西班牙语）、"Preço do petroleo"（葡萄牙语）、"Ölpreis"（德语）、"原油价格"（日语）和 "قيمتنفت"（波斯语）。根据这些关键词，从谷歌趋势中搜集了这些关键词对应的搜索量数据，如图 5.1 所示。可以看出，这些单语言的搜索量数据长期来看有着相似的波动趋势，但又会出现不同的短期波动。

　　对于原油价格，使用的是 WTI 原油现货价格的周度数据。为了与网络搜索数据对应，数据样本时间区间也是从 2013 年 7 月 7 日到 2018 年 6 月 25 日，如图 5.2 所示。

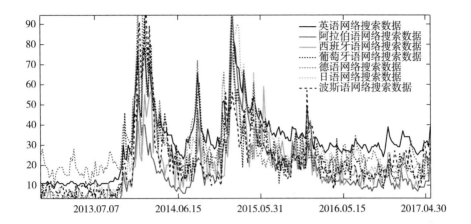

图 5.1　多语言网络搜索数据

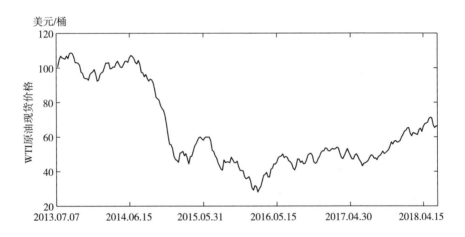

图 5.2　WTI 原油价格数据

（资料来源：EIA（http：//www. eia. doe. gov））

5.3.2　数据统计描述

对 7 种不同的语言，即英语、阿拉伯语、西班牙语、葡萄牙语、日语、德语和波斯语的网络搜索数据以及原油价格数据进行统计分析，结果如表 5.3 所示。可以发现，网络搜索数据的数值位于 0 ~ 100，这是因为谷歌趋势提供的网络搜索数据并不是原始数据，而是归一化处理后的数据，即将数据归一化到 0 ~ 100。因此，网络搜索数据的均值大小并不能代表总体搜索量数据的大小。Jarque – Bera（JB）检验结果显示，所有的数据都拒绝服从正态分布的原假设。所有数据的峰度值和偏度值都大于 0，表明与正态分布相比，网络搜索数据都尖峰正偏（右偏）。

表 5.3　　　多语言网络搜索数据和原油价格数据的统计描述

统计指标	英语	阿拉伯语	西班牙语	葡萄牙语	德语	日语	波斯语	油价
均值	30.85	15.35	22.62	18.46	28.24	25.00	21.25	63.90
中位数	30.00	12.00	20.00	15.00	24.00	22.00	17.00	53.28
最大值	100.00	100.00	100.00	100.00	100.00	100.00	100.00	108.77
最小值	9.00	0.00	0.00	0.00	10.00	3.00	3.00	28.14
标准差	15.97	15.11	17.43	14.40	15.24	18.69	16.01	23.37
偏度	0.98	2.09	1.44	1.81	2.48	1.55	2.09	0.72
峰度	4.73	9.19	5.73	8.20	10.04	5.78	8.56	2.04
Jarque – Bera	74.28	603.77	170.90	434.79	802.91	187.71	524.42	32.86
P 值	0.00	0.00	0.00	0.00	0.00	0.00	0.00	0.00

5.4　实验结果

5.4.1　连续小波变换结果

由小波变换后的能量谱可以发现，不同语言网络搜索数据和原油价格序列的能量随着时间和尺度的变化而变化。在时间上，不同语言网络搜索数据和原油价格的主要高能量区域都集中在 2014 年 5 月和 2017 年 5 月。这段时间正是 2014 年供需失衡造成原油价格持续走低的时间，2017 年 5 月以后国际原油价格才开始缓步上涨。在尺度上，原油价格的主要高能量区域集中在中长期区域，即 16 周（约 4 个月）和 64 周（约一年半）区域。而网络搜索数据除了集中在主要高能量区域，也集中在中长期区域，但是还伴随一些短期高能量在某些特定时间段聚集的现象。这些特定时间段主要集中在两个特殊时期，即 2014 年中和 2016 年上半年，其背后驱动因素可能为：2014 年原油市场供需失衡造成原油价格不正常波动，2016 年谷歌趋势修改了网络搜索数据的处理算法。

5.4.2　小波相干结果

为了研究原油价格和不同语言的网络搜索数据的动态多尺度联动机制，采用小波相干方法来处理样本数据。

同样，研究发现不同语言网络搜索数据和原油价格的相干系数和相位差都随着时间和尺度的变化而变化。首先，分析相干系数在不同时间和尺度上的变化，为了使结果更加清晰，对每个时间点不同尺度的相干系数进行平均，得到随时间变化的动态相干系数，如图5.3所示。结果发现：（1）除了德语，其他六种语言的网络搜索数据都呈现先增加后减少的趋势，其中英语、阿拉伯语、西班牙语、波斯语在2014年底和2015年初达到峰值，而日语在2015年中达到峰值；所有相干系数在2017年中前后达到最低值。（2）平均来看，德语网络搜索指数和原油价格的相干系数最高（平均值为0.54）、英语第二（平均值为0.49）、葡萄牙语排名最后（平均值为0.41）。

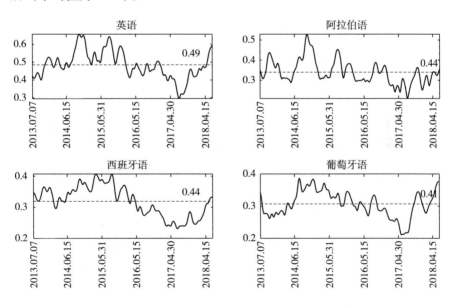

图5.3　多语言网络搜索数据与原油价格的
动态相干系数（实线）及其平均值（虚线）

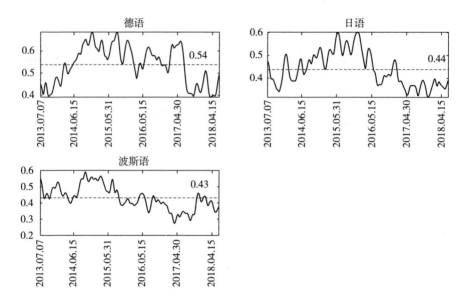

图5.3 多语言网络搜索数据与原油价格的
动态相干系数（实线）及其平均值（虚线）（续）

对于相干系数在不同尺度上的变化，本研究对每个尺度不同时间点的相干系数进行平均，得到随尺度变化的动态相干系数，如图 5.4 所示。结果显示：所有的网络搜索数据和原油价格的相干系数都在 32 ~ 64 周

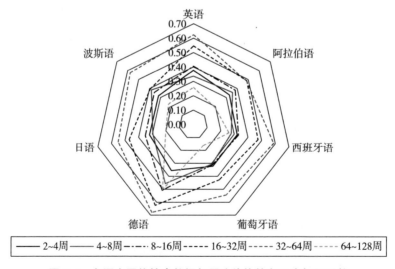

图5.4 多语言网络搜索数据与原油价格的多尺度相干系数

（长期）这个尺度达到最大值，16～32 周（中期）达到次峰值。也就是说，网络搜索数据和原油价格的相干系数在中长期较大，在短期（16 周以内）较小。

总体上，原油价格与多语言网络搜索数据指数之间相位为反向，因为图中大部分的箭头都指向左边。这也说明总体上原油价格与多语言网络搜索数据指数的相关性为负数。但是也有一些特殊区域出现了相反的情况，例如，所有语言网络搜索数据都在数据样本的尾端，即 2018 年以内，中短期（32 周以内）出现了同相位波动（正相关性），这也预示着 2018 年以后，原油价格与多语言网络搜索数据之间的相关性也许将出现新的变化。

从总体上来看，原油价格领先于多语言的网络关注度指数，但是各个网络搜索数据都存在局部网络搜索数据提前于原油价格的情况。这些情况从尺度上看，在 64 周以内的各个尺度之间都有发生，但是主要发生在中短期（32 周以内）。从时间上看，同样在各个时间段都有涉及这些情况，但是主要发生在 2016—2018 年。

5.5　本章小结

随着互联网技术的发展，网络搜索行为已经成为影响原油价格的因素之一。本章采用小波相干的方法研究不同语言的网络搜索数据和原油价格之间的动态、多尺度联动机制。本章的主要贡献是：（1）在现有研究只关注英语搜索数据的情况下，首次研究和对比不同语言的网络搜索数据和原油价格之间的联动机制；（2）在现有研究普遍只关注静态、固定尺度联动机制的情况下，首次研究原油价格和网络关注度的动态、多尺度联动机制。

本章的主要结论为：不同语言网络搜索数据和原油价格序列的能量、相干系数、相位差都随着时间和尺度的变化而变化。（1）能量谱结果显示：在时间上，网络搜索数据和原油价格的主要高能量区域都集中在 2014 年 5 月到 2017 年 5 月；在尺度上，原油价格的主要高能量区域集中在中长期区域，而网络搜索数据除了主要高能量区域，也集中在中长期区域，但是还伴随一些短期高能量在某些特定时间段聚集的现象。
（2）相干系数结果显示：在时间上，除了德语，其他六种语言的网络搜索数据都呈现先增加后减少的趋势，德语网搜索指数和原油价格的相干系数最高（平均值为 0.54）；在尺度上，所有的网络搜索数据和原油价格的相干系数都在 32～64 周（长期）这个尺度上达到最大值。（3）相位差结果显示：原油价格与多语言网络搜索数据之间相位为反向，但是 2018 年以后开始出现同相位波动的情况；原油价格领先于多语言的网络关注度指数，但是在中短期和 2016 年以后出现局部多语言的网络关注度指数领先于原油价格的情况。

上述研究结果至少为投资者提供了两个启示。第一，除了英语网络搜索数据，多种语言的网络关注数据可以为投资决策提供更全面的信息，尤其是在周度数据的基础上研究结果显示德语与原油价格的相干性最高。第二，通过对相干性、相位模式的多角度阐述，我们可以清晰地观察到市场关注度和传导渠道的情况，从而为动态、多阶段投资提供有用的信息。

第六章　基于多语言网络关注度的原油价格预测

6.1　引言

原油价格预测已被广泛认为是十分重要但极具挑战性的任务。一方面，在能源短缺的风险下，原油不仅是一种必不可少的生产资源，而且是一种有利可图的商品[141]。因此，无论是政府进行风险控制，还是企业制订营销计划、投资者制订投资方案，准确预测原油价格都非常重要。另一方面，原油价格的影响因素是十分复杂的，例如供需因素、经济增长、库存情况、地缘政治、极端天气等[142,143]。因此，原油价格预测是一项复杂且艰巨的任务。

现有研究通常使用原油市场相关信息或宏观经济变量来预测原油价格。原油市场信息往往包括原油库存[22]、原油生产和消费[23]、原油进出口[24]等。宏观经济变量通常包括汇率[25]、全球经济活动[26]、股票指数[27]等。尽管这些因素极大地促进了原油价格的预测，但由于油价还受到投资者心理变化（如投资者关注）的影响，传统因素仍难以全面地解释未来的油价波动。特别是，随着大数据和大数据挖掘技术的兴起，投资者关注对原油价格的影响已得到学术界和行业的广泛认可[14]。

搜索引擎数据已经成为可以衡量投资者关注度的重要指标。随着Web 2.0 的发展，原油投资者经常在作出买卖决定之前，在谷歌、百度等搜索引擎上搜索相关信息。这些搜索量可以很好地反映投资者关注度，搜索量越高则证明关注度越高。因为投资者对原油市场的关注度可能会改变个人投资者的买卖行为，所以网络关注度进而可以影响到油价波动[110]。事实上，网络关注度数据已被广泛证明是可以提升原油价格预测的新兴指标[140]。因此，本研究特别将网络搜索数据应用于原油价格预测。

实际上，将网络搜索数据引入原油价格预测已经取得了一些有意思的成果。例如，文献[110]将关键词"price of oil"和"OPEC"的搜索量引入 ARIMA 模型中对日度 WTI 油价进行了预测。文献[58]基于二元经验模式分解的框架，使用与原油相关市场、气候和战争有关的搜索量来预测原油价格。文献[140]基于异质自回归（Heterogeneous AutoRegressive，HAR）将关键词"oil prices"的搜索量数据用于芝加哥期权交易所的原油波动指数预测。文献[99]基于一套与能源相关（涉及原油危机、空气污染、替代能源、Brent 原油等）关键词的搜索量，通过 GARCH 模型预测了 WTI 和 Brent 原油价格的波动性。文献[14]基于回归模型证明"crude oil"的搜索量可以提高原油价格预测的准确性。总之，这些研究一致地揭示了网络搜索数据对原油价格的强大预测能力。

但是，现有的相关研究都局限于使用单一语言的搜索关键词（主要是英语）来搜集搜索量数据，造成所搜集的信息存在语言偏差。例如，现有的研究往往使用英语的关键词如"oil prices""crude oil""price of oil"等的搜索量进行原油价格预测。这种英语搜索量只能衡量以英语为主要语言的地区（例如，美国、英国、加拿大等）的网络关注度，但是却忽略了其他非英语国家和地区的网络关注度。而原油市场作为典型的国际市场，吸引了全世界的投资者尤其是来自主要的原油出口国（例如，沙特阿拉伯、俄罗斯）和进口国（例如中国）的投资者。因此，英语关键词的搜索量只能代表一部分投资者的关注度，用其进行原油价格预测会存在信息偏差。为了解决这个问题，本章构建了一个多语言的指数来衡量网络关注度，即多语言网络搜索数据，并将其用于原油价格预测。

为了解决现有模型中的语言偏差问题，本章特别提出了一个多语言网络搜索数据驱动的原油价格预测方法。所提出的多语言网络搜索数据框架一共包含三个步骤，即多语言网络关注度指数构建，联动机制评估和原油价格预测。首先，基于多语言关键词的搜索量构建多语言网络关注度指数，从全球角度获取投资者关注信息。其次，通过一系列的统计检验，即相关性分析、协整检验和格兰杰因果关系检验，研究构建的多语言网络关注度指数与原油价格之间的关系。最后，以多语言网络关注度指数作为有效的预测指标，采用多种预测技术，例如计量经济学模型（LR）和人工智能模型（SVR、BPNN、ELM、RVFL）。与现有模型相比，本章的主要贡献可以归纳为以下两个方面。

（1）首次尝试将多语言网络关注度指数应用于预测研究（包含原油价格预测）。

（2）在多语言框架下，将网络搜索数据用于预测 WTI 原油价格，并且不仅与现有的基础预测模型（即不使用网络搜索数据的模型），还与单语言的模型（使用单语言网络搜索数据的模型）进行了比较，进而凸显多语言网络关注度指数驱动的原油价格预测模型的优势。

本章后续安排如下：第6.2节详细介绍了多语言驱动的原油价格预测模型的研究框架和具体研究方法；第6.3节介绍了本章实验数据及预测评价指标；第6.4节展示了本章的实证结果和讨论；第6.5节总结了本章主要结论并概述了未来研究方向。

6.2　研究框架及方法

6.2.1　研究框架

为了解决现有模型中的语言偏差问题并获取全球更多的投资者关注信息，本研究构建了一种多语言网络关注度驱动的原油价格预测方法。该多语言框架包括三个主要步骤，即多语言网络关注度指数构建，联动机制评估和原油价格预测，如图6.1所示。

步骤1：构建多语言网络关注度指数。

本步骤通过四个子步骤来构建多语言网络关注度指数。（1）语言筛选：选择那些在原油市场（就覆盖国的生产和消费占比而言）和谷歌市场（就使用份额而言）中都起主导作用的具有影响力的语言；（2）确定搜索关键词：确定在所选语言下关于"oil price"的关键词；（3）格兰杰因果关系检验：使用格兰杰因果检验选择那些对油价有预测效果的语言和关键词；（4）主成分分析：根据搜集的多语言网络搜索数据构建多语

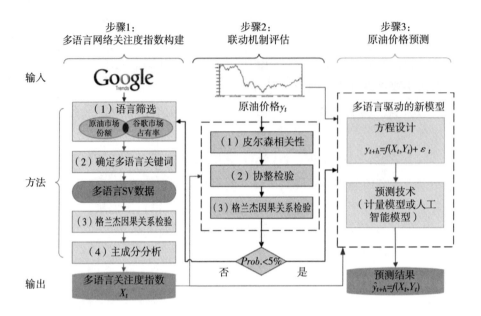

图6.1　多语言网络关注度指数驱动的原油价格预测方法

言网络关注度指数 $x_t(t = 1, \cdots, N)$，以减少数据维数并消除数据的多共线性。

步骤2：联动机制评估。

本步骤通过三种相关性分析方法：皮尔森相关性分析、协整检验和格兰杰因果检验，研究了多语言关注度指数 x_t 与原油价格 y_t 之间的联动机制，以统计方法评估多语言网络关注度指数对油价的预测能力。其中，皮尔森相关性分析研究多语言网络关注度指数与油价之间的线性相关性，协整检验判断二者是否存在长期均衡关系，格兰杰因果关系检验判断多语言网络关注度指数对油价的预测能力。如果在5%的显著性水平下，找不到这些关系中的任何一种，那么将返回到步骤1重新检查多语言网络关注度指数的构建。

步骤3：原油价格预测。

最后将构建的对油价有预测效果的多语言网络关注度指数作为预测因子，代入一种典型的预测技术中，如经典的计量经济学模型（例如LR）或新兴的人工智能技术（例如 SVR、BPNN、ELM 或 RVFL），进而

预测原油价格 y_{t+h}，$y_{t+h} = f(X_t, Y_t) + \varepsilon_t$。其中，$y_t$ 是 t 时间的预测结果，h 是预测步长，$X_t = \{x_t, x_{t-1}, \cdots\}$ 和 $Y_t = \{y_t, y_{t-1}, \cdots\}$ 分别是 t 期中可获得的关于多语言网络关注度指数和原油价格的观察值，ε_t 是误差项。

6.2.2　构建多语言网络关注度指数

构建多语言网络关注度指数主要通过四个步骤实现：（1）语言筛选；（2）确定搜索关键词；（3）格兰杰因果关系检验；（4）主成分分析。下文将具体介绍这几个步骤的实现方法。

（1）语言筛选。

语言筛选旨在选择在原油市场和谷歌市场上均起主导作用的有影响力的语言。一方面，来自主要原油生产国或消费国的投资者可能在原油市场更活跃，并更加关注油价的走势[139]，从而对原油市场贡献更多的关注并产生更大的影响。因此，根据英国原油公司统计的各个国家原油生产或消费份额数据，选择那些起主导作用的国家所使用的语言（此处阈值为3%）来构建多语言网络关注度指数。另一方面，如文献[111]所述，如果谷歌不是当地主导的搜索引擎，谷歌趋势所统计的搜索量可能会低于实际的搜索量。因此，本研究过滤掉了谷歌市场份额低于50%的国家所对应的语言。

（2）确定搜索关键词。

对于从子步骤1中筛选出的语言，我们需要确定在这些语言下"oil price"这个关键词所对应的多语言关键词。之所以选择"oil price"这个关键词是因为它直接与预测目标相关、经常被搜索者（或投资者）使用以及在现有研究中占主导地位[140]。根据确定的多语言关键词，在谷歌趋势中搜集它们所对应的搜索量，进而构建多语言网络关注度指数，以便进行下一步的分析。

（3）格兰杰因果关系检验。

这一步骤对从上一步骤中收集的多语言网络搜索数据和原油价格进行格兰杰因果关系检验，以过滤得到对油价有预测能力的有效的多语言搜索量。格兰杰因果关系检验致力于检验一个时间序列的历史信息是否有助于提高另一个时间序列的可预测性。例如，如果检验到某种语言的网络搜索数据是原油价格数据的格兰杰原因，那么该语言的网络搜索数据在统计上被认为是可以提高原油价格的预测能力。为了保证所构建的多语言网络关注度指数的有效性，本研究仅考虑采用对原油价格有预测能力的多语言搜索量以进行进一步的多语言网络关注度指数构建。例如，如果某一单语言搜索数据是引起原油价格变化的格兰杰原因，那么该语言的搜索量被认为是对原油价格具有预测能力，可以用于构建多语言网络关注度指数。

（4）主成分分析。

为了降低数据维度并消除多语言搜索量的多重共线性，采用主成分分析进行多语言网络关注度指数的构建。主成分分析已被广泛证明是将高维数据转化为低维数据的同时，又能最大限度地保留全面信息的有效方法，而且这种方法已经被应用于将多个搜索量数据转化为一维的网络关注度指数[89,100]。例如，主成分分析可以将多语言的搜索量数据 s_1，$s_2, \cdots, s_p$ 转化为新的不相关的序列（也就是主要成分）$z_1, z_2, \cdots, z_m$。

$$\begin{cases} z_1 = w_{1,1}s_1 + w_{1,2}s_2 + \cdots + w_{1,p}s_p \\ z_2 = w_{2,1}s_1 + w_{2,2}s_2 + \cdots + w_{2,p}s_p \\ \cdots \\ z_m = w_{m,1}s_1 + w_{m,2}s_2 + \cdots + w_{m,p}s_p \end{cases} \tag{6.1}$$

这里 $w_{i,j}(i = 1, \cdots, m; j = 1, \cdots, p)$ 表示第 i 个主要成分的第 j 个特征值。如果前 n（$n < m$）个成分的累计贡献率可以达到 80%，则前 n 个成分就是主要成分，可以用来构建多语言网络关注度指数，即 $x = \sum_{i=1}^{n} z_i$。

6.2.3　联动机制评估

联动机制评估旨在以统计方法评估多语言网络关注度指数对油价的预测能力，具体采用了三种方法：皮尔森相关性分析、协整检验和格兰杰因果检验。由于已经在第三章对格兰杰因果关系检验进行了介绍，本节主要介绍皮尔森相关性分析和协整检验。

（1）皮尔森相关性分析。

皮尔森相关性分析是评估两个变量线性关系的最基础也是最简单的方法[144]。令 x_t 和 $y_t(t = 1,2,\cdots,N)$ 分别为构建的多语言网络关注度指数和原油价格，那么它们之间的皮尔森相关系数则为它们的协方差除以它们各自标准差的乘积。

$$\rho_{x,y} = \frac{\sum (x_t - \bar{x}) \sum (y_t - \bar{y})}{\sqrt{\sum (x_t - \bar{x})^2} \sqrt{\sum (y_t - \bar{y})^2}} \tag{6.2}$$

其中，$\bar{x} = \frac{1}{N} \sum_{t=1}^{N} x_t$ 和 $\bar{y} = \frac{1}{N} \sum_{t=1}^{N} y_t$ 分别表示 x 和 y 的平均值，而 N 是 x（或 y）的样本大小，$|\rho_{x,y}| \leqslant 1$。显然，$\rho_{x,y} = 0$ 表示多语言网络关注度指数 x_t 和原油价格 y_t 两个时间序列不相关，而 $|\rho_{x,y}| \to 1$ 表示两者之间有很强的相关性。

（2）协整检验。

协整检验可以检验两个变量之间是否存在长期均衡关系。本章针对多语言网络关注度指数 x_t 与原油价格 y_t 进行了 Engle - Granger 两步协整检验。仅当两个时间序列同阶差分平稳并且它们的线性回归残差 u_t 平稳时，才认为这两个变量是协整的。

$$y_t = a_0 + a_1 x_t + u_t \tag{6.3}$$

其中，a_0 是常数，a_1 是线性回归的系数。如果对残差 u_t 进行平稳性检验证明其是平稳的，那么多语言网络关注度指数 x_t 与原油价格 y_t 之间存在长期均衡关系。

6.2.4　原油价格预测模型

6.2.3 节构建的多语言网络关注度指数 x_t 将被当作预测原油价格 y_t 的重要指标。

$$y_{t+h} = f(X_t, Y_t) + \varepsilon_t \tag{6.4}$$

其中，h 是预测步长，$X_t = \{x_t, x_{t-1}, \cdots\}$ 和 $Y_t = \{y_t, y_{t-1}, \cdots\}$ 是多语言网络关注度指数和原油价格在时间 t 的可用观察值，ε_t 为误差项。

为了充分验证多语言网络关注度指数驱动的原油价格预测模型的有

效性和鲁棒性，我们尝试引入不同类型的模型，不仅包括传统的计量经济学模型（例如 LR），还包括典型的人工智能技术（例如 SVR、BPNN、ELM 和 RVFL）。下面将简要介绍这些预测技术。

（1）LR。

LR 可能是预测研究中最基本的计量经济学模型之一，其典型形式为

$$y = \beta_0 + \beta_1 x_1 + \beta_2 x_2 + \cdots + \beta_k x_k + \mu \tag{6.5}$$

其中，y 是目标，$x_i (i = 1, 2, \cdots, k)$ 是第 i 个解释变量，$\beta_i (i = 0, 1, 2, \cdots, k)$ 是第 i 个解释变量的回归系数，u 是误差项。

（2）SVR。

SVR 是 Cortes 和 Vapnik 基于结构化风险最小化的原理提出的。SVR 的优点是：存在全局最优解；训练速度较快；解表示的稀疏性[145]。给定 N 个训练样本 $x_i (i = 1, 2, \cdots, N)$，SVR 旨在最小化泛化误差的上限。

$$f(x_i) = w^T \varphi(x_i) + b \tag{6.6}$$

其中，$f(x_i)$ 表示对第 i 个样本的预测值，$\varphi(x_i)$ 是第 i 个样本 x_i 非线性映射的高维特征，参数 w 和 b 分别通过解决以下最小化问题估算出的权重和偏差。

$$\min \quad \frac{1}{2} w^T w + \gamma \sum_{i=1}^{N} (\xi_i + \xi_i^*)$$

$$\text{s.t.} \quad \begin{cases} w^T \varphi(x_i) + b - y_i \leq \eta + \xi_i^*, & i = 1, 2, \cdots, N \\ y_i - (w^T \varphi(x_i) + b) \leq \eta + \xi_i, & i = 1, 2, \cdots, N \\ \xi_i, \xi_i^* \geq 0, & i = 1, 2, \cdots, N \end{cases} \tag{6.7}$$

其中，ξ_i（或者 ξ_i^*）是松弛变量，其目的是使公式 6.7 的解存在。

（3）BPNN。

BPNN 是典型的人工神经网络模型，其优势在于快速计算、自组织和独特的自适应能力，可用于各个领域的分类和预测[117]。经典的 BPNN 结构包含三层，即输入层、隐藏层和输出层。这三层之间的数学关系为

$$h_j = f_1 \left(\theta_j + \sum_{i=1}^{n} w_{j,i} x_i \right), \theta_j \geq 0, w_{j,i} \leq 1 \tag{6.8}$$

$$y = f_0 \left(\lambda_0 + \sum_{j=1}^{m} w_{0,j} h_j \right), \lambda_0 \geq 0, w_{0,j} \leq 1 \tag{6.9}$$

其中，x_i、h_j 和 y 分别表示第 i 个输入层节点，第 j 个隐藏层节点和输出（即原油价格）；θ_j 和 λ_0 分别是隐藏层和输出层的阈值；n 和 m 分别是输入层和隐藏层中的节点数；$w_{j,i}$ 和 $w_{0,j}$ 分别是隐藏层和输出层的权重；$f_1(\cdot)$ 和 $f_0(\cdot)$ 分别表示隐藏层和输出层的激活函数。

（4）ELM。

ELM 是基于随机性原则从单隐藏层前馈神经网络扩展而来[146]。特别是，对于单隐层神经网络，ELM 可以随机初始化输入权重和阈值并得到相应的输出权重，从而表现出良好的泛化能力和极快的学习速度[118]。典型的单隐藏层前馈神经网络可以描述为

$$\sum_{j=1}^{m} \beta_j f_j(x_i) = \sum_{j=1}^{m} \beta_j f_j(\omega_j x_i + \theta_j) = y_i, i = 1,2,\cdots,n \quad (6.10)$$

其中，$\beta_j = [\beta_{j,1}, \beta_{j,2}, \cdots, \beta_{j,m}]^T$ 表示从第 j 个隐藏节点到输出节点的权重，ω_j 是从输入节点到第 j 个隐藏节点的权重，θ_j 是第 j 个隐藏节点的阈值，x_i 是第 i 个输入，y_i 是第 i 个输出，m 是隐藏节点数。上面的 n 个方程可以紧凑地写为

$$H\beta = Y \quad (6.11)$$

其中，H 表示隐含层矩阵，Y 是输出层矩阵。

$$H = \begin{bmatrix} h(x_1) \\ \vdots \\ h(x_n) \end{bmatrix} = \begin{bmatrix} h_1(x_1) & \cdots & h_m(x_1) \\ \vdots & \vdots & \vdots \\ h_1(x_n) & \cdots & h_m(x_n) \end{bmatrix} \quad (6.12)$$

$$Y = [y_1^T, \cdots, y_n^T]^T \quad (6.13)$$

根据随机性原则，ELM 可以根据给定的分布（如高斯分布）随机生成并修正了输入权重 ω_j 和隐含层的随机阈值 θ_j，并将迭代训练过程转换为寻找最小范数最小二乘解：

$$\|H(\omega_1, \omega_2, \cdots, \omega_m, \theta_1, \cdots, \theta_m) \hat{\beta} - Y\| = \min_{\beta} \|H(\omega_1, \omega_2, \cdots, \omega_m, \theta_1, \cdots, \theta_m)\beta - Y\|$$

$$(6.14)$$

通过使用伪逆，式 6.14 的最小范数的最小二乘解可通过式 6.15 获得：

$$\hat{\beta} = H^{\dagger} Y \quad (6.15)$$

其中，$H^{\dagger}$ 是矩阵 H 的广义逆矩阵。

（5）RVFL。

与 ELM 相似，RVFL 随机输入层权重和隐藏层阈值，而无需耗时的迭代学习过程[147]。但是，和 ELM 不同的是，RVFL 引入了从输入层到输出层的直接链接[148]，则 RVFL 从输入层到输出层的传递机制可以表示为

$$\sum_{j=1}^{m} \beta_j g(\omega_j x_i + \theta_j) + \sum_{j=m+1}^{m+n} \beta_j x_i = y_i, i = 1, 2, \cdots, n \quad (6.16)$$

其中，$\sum_{j=M+1}^{m+n} \beta_j x_i$ 表示从输入层到输出层的直接链接。因此，输入数据 x_i 可以从 n 维空间映射到 RVFL 中的 $(m+n)$ 维空间，其中 n 是输入层的数据样本数，m 是隐藏节点数。与 ELM 相似，RVFL 随机确定模型参数，即权重和隐含层阈值，并通过伪逆获得输出权重。RVFL 具有几个优点，例如，快速收敛，强大的逼近能力以及满足实时应用程序的要求[146]。

6.3　实验数据及预测评价指标

6.3.1　实验数据

对于原油价格，使用的是 WTI 原油现货价格的周度数据，数据来源于 EIA（http：//www.eia.doe.gov）。而互联网搜索数据是从谷歌的一个应用模块——谷歌趋势（http：//www.google.com/trends）收集的。数据

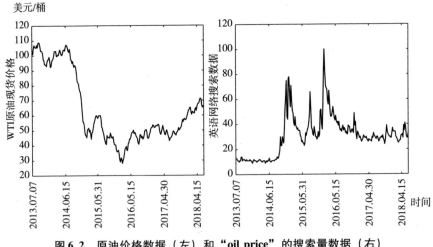

图 6.2　原油价格数据（左）和 "oil price" 的搜索量数据（右）

样本时间区间是从 2013 年 7 月 7 日到 2018 年 6 月 25 日，因为谷歌趋势仅提供最长 5 年的周度数据。此外，对于原油相关关键词来说，周度数据不仅能保证数据样本多，数据质量也更高。数据样本包含 260 个观察值，我们将两个数据集的前 80% 确定为训练集（2017 年 6 月 25 日之前的 208 个观察值）和后 20% 为测试集（后 52 个观察值）。图 6.2 展示了原油价格（左）和关键词 "oil price" 的搜索量数据（右）。可以发现，英语 "oil price" 的搜索量数据似乎与原油价格负相关，表现为相反的波动趋势。例如，在 2014 年下半年，由于供需之间的不平衡，原油价格急剧下跌，而 "oil price" 的搜索量数据则大幅上升。

6.3.2　预测评价指标

为了评估模型的预测性能，本研究使用了两个常用的评价指标 MAPE 和 RMSE：

$$MAPE = \frac{1}{M} \sum_{t=1}^{M} \left| \frac{y_t - \hat{y}_t}{y_t} \right| \tag{6.17}$$

$$RMSE = \sqrt{\frac{1}{M} \sum_{t=1}^{M} (\hat{y}_t - y)^2} \tag{6.18}$$

其中，$\hat{y}_t$ 和 $y_t (t = 1, 2, \cdots, M)$ 分别是在时间 t 的预测值和实际值，M 是测试集的样本大小。

为了从统计学上证明所提出模型的优越性，使用 DM 检验从统计上证明预测结果对比的可靠性。DM 检验是用于检验不同预测模型的预测能力是否存在显著差别的定量分析方法，该方法的零假设为目标模型 A 的预测准确度低于其基准模型 B。使用均方误差作为损失函数，DM 检验的统计量为

$$S = \frac{\bar{g}}{(\hat{V}/M)^{1/2}} \tag{6.19}$$

其中，$\bar{g} = \frac{1}{M} \sum_{t=1}^{M} [(y_t - \hat{y}_{A,t})^2 - (y_t - \hat{y}_{B,t})^2]$，$\hat{V} = \gamma_0 + 2 \sum_{l=1}^{\infty} \gamma_l$，其中，$\gamma_l = \text{cov}(g_t, g_{t-l})$，而 $\hat{y}_{A,t}$ 和 $\hat{y}_{B,t}$ 分别代表模型 A 和模型 B 对预测目标在时间 t 的预测值。

6.4　实验结果

6.4.1　网络关注度指数构建

（1）语言筛选结果。

语言筛选旨在选择在原油市场和谷歌市场上均起主导作用的有影响力的语言。一方面，我们认为来自主要原油生产国或消费国的投资者可能在原油市场更活跃，并更加关注油价的走势[139]，从而对原油市场贡献更多的关注并产生更大的影响。因此，本研究根据英国原油公司统计的2016 年各个国家原油生产或消费份额数据，选择那些起主导作用的国家所使用的语言（此处阈值为3%）构建多语言网络关注度指数。另一方面，如文献[111]所述，如果谷歌不是当地主导的搜索引擎，谷歌趋势所统计的搜索量可能会低于实际的搜索量。因此，本研究过滤掉了谷歌市场份额低于50%的国家所对应的语言。

根据上一个子步骤，筛选出了 7 种在原油市场有影响力的语言，即英语、阿拉伯语、西班牙语、葡萄牙语、日语、德语和波斯语，具体的筛选过程可以参考第五章的结果。继而根据这些语言，确定了与之对应的多语言关键词："oil price"（英语）、"سعر النفط"（阿拉伯语）、"Precio delpetróleo"（西班牙语）、"Preçodo petroleo"（葡萄牙语）、"Ölpreis"（德语）、"原油价格"（日语）和"قیمت نفت"（波斯语）。根据这些关键词，从谷歌趋势中搜集了这些关键词对应的搜索量数据，数据可视化请参考第五章的图 5.1。

对 7 种语言的搜索量数据的训练集应用格兰杰因果检验，以选择那些对原油价格有预测效果的语言和关键词，结果如表 6.1 所示。用于构建SVR 模型的数据都是差分后的平稳数据，VAR 模型的滞后期由 AIC（Akaike information criterion）准则确定。从表 6.1 可以看出，在 5%的显著性水平下，英语、阿拉伯语、西班牙语、德语、日语的关键词搜索量是原油价格的格兰杰原因。但是，葡萄牙语和波斯语的搜索量数据无法格兰杰引起原油价格波动。因此，将葡萄牙语和波斯语从语言列表中剔除，最后剩下

5 种有影响力的语言，即英语、阿拉伯语、西班牙语、德语和日语。

表 6.1　多语言网络搜索数据与原油价格的格兰杰因果关系检验结果

关键词	H0：多语言搜索数据不是原油价格的格兰杰原因		
	lag	Chi – sq	p – value
Oil price	3	15. 1074	0. 0017
سعر النفط	1	6. 7117	0. 0096
Precio del petróleo	3	19. 4212	0. 0002
Preço do petroleo	2	3. 2340	0. 1985
Ölpreis	2	29. 5680	0. 0000
原油价格	2	20. 4104	0. 0000
قيمتنفت	2	1. 1969	0. 5497

（2）主成分分析结果。

为了消除这些多语言搜索量数据的多重共线性，采用主成分分析方法构建一个多语言网络关注度指数，结果如图 6.3 所示。主成分分析将 5 个多语言搜索量数据重塑为 5 个主成分，其中第一个主成分的贡献率为 87%。因此，第一个主成分被选作构建后的多语言网络关注度指数。这个多语言网络关注度指数不仅包含英语搜索量信息，而且还包含对原油

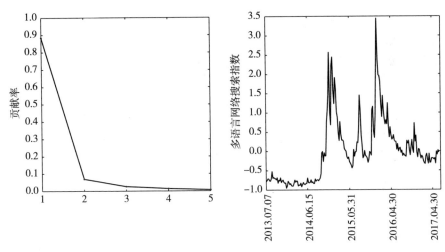

图 6.3　主成分分析结果：各成分贡献率（左）和
构建后的多语言网络关注度指数（右）

市场有影响力的其他语言搜索量信息，从而能对原油价格具有更强的预测能力。

6.4.2　联动机制评估结果

本节通过三种相关性分析方法：皮尔森相关性分析、协整检验和格兰杰因果检验，研究了多语言网络关注度指数与原油价格之间的联动机制，以统计方法评估多语言网络关注度指数对油价的预测能力，结果如表6.2所示。

总体而言，这三个相关性研究方法都一致证实了多语言网络关注度指数与原油价格之间的密切相关性，这也侧面证明了本研究构建的多语言网络关注度指数对原油价格的预测能力。第一，在5%的显著性水平下，皮尔森相关性分析结果显示多语言网络关注度指数与原油价格之间存在显著的负相关关系。可能的原因是谷歌搜索至少在一定程度上反映了投资者的担忧，而当原油价格下跌时则会出现更多的担忧[109]。有趣的是，这一发现与文献[100]的结果相吻合：研究结果表明在样本期内，投资者的关注确实对WTI原油价格具有重大的负面影响。第二，协整关系检验结果显示，在5%的显著性水平下，多语言网络关注度指数与原油价格有长期稳定的协整关系。第三，格兰杰因果关系检验表明，在5%的显著性水平下，构建的多语言网络关注度指数是原油价格的格兰杰原因。总体而言，上述结果都表明，本研究构建的多语言网络关注度指数在统计上对原油价格具有预测能力，可以当作有效的预测指标引入预测模型。

表6.2　多语言网络关注度指数与原油价格之间的联动机制分析结果

Panel A：皮尔森相关性分析			
相关系数	P值		
−0.669	0.000		
Panel B：协整关系检验			
假定的协整方程数量	特征值	统计量数据	P值
None	0.514	263.586	0.000
At most 1	0.262	77.973	0.000

续表

Panel C：格兰杰因果关系检验			
H0：多语言网络关注度指数是原油价格的格兰杰原因		H0：原油价格是多语言网络关注度指数的格兰杰原因	
Chi – sq	Prob.	Chi – sq	Prob.
18. 465	0. 000	0. 175	0. 676

6.4.3　预测结果

为了检验本研究提出的多语言网络关注度驱动的原油价格预测模型的优势，我们还选用了两种基准模型，即没有使用网络搜索数据的原始模型，和只使用英语网络搜索数据的预测模型。本研究的预测技术包含 5 种，即计量经济模型（LR）和人工智能模型（SVR、BPNN、ELM 和 RV-FL）。在 SVR 模型中，我们选择了高斯核函数，并通过网络搜索方法确定了正则化和内核参数[149]。在 BPNN 中，隐含节点数设置为 10，迭代次数设置为 1000。ELM 和 RVFL 的隐含节点数是通过网络搜索方法确定的[147]。预测步长设置为 1，每个模型运行 10 次，取其平均值作为预测结果。

图 6. 4 和图 6. 5 分别展示了不同模型预测的 MAPE 和 RMSE 对比。预测结果显示：多语言网络关注度指数在原油价格预测实验中，显著优于不使用网络关注度指数的模型和仅使用单一英语网络搜索数据的方法。这个结果证明多语言网络关注度指数能够捕捉更全面的投资者关注度，从而可以在很大程度上提升原油价格预测精度。

一方面，在所有预测模型中，使用网络搜索数据的案例都优于不使用网络搜索数据的案例。在 LR、SVR、BPNN、ELM 和 RVFL 的预测结果中，使用英语网络搜索数据可以使 MAPE（或 RMSE）降低约 6.3%（4.0%）、26.9%（26.4%）、39.7%（46.5%）、24.4%（30.6%）和 27.0%（33.5%）。更令人兴奋的是，多语言网络关注度指数的引入更是将不使用网络关注度指数的 5 个模型分别在 MAPE（或 RMSE）上改进 10.6%（7.0%）、30.0%（28.8%）、47.6%（53.1%）、31.3%

（37.2%）和33.9%（39.4%）。可能的原因可以归结为羊群效应，即网络搜索数据可以直接反映投资者对原油市场的关注度，影响其购买行为，从而影响原油价格的波动。

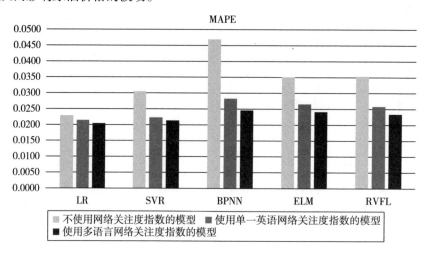

图6.4 不同预测方案对原油价格预测的 MAPE 对比

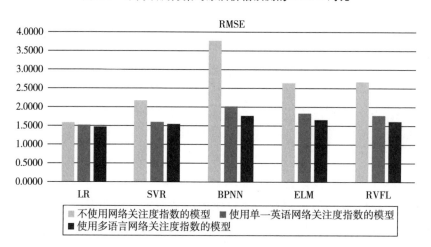

图6.5 不同预测方案对原油价格预测的 RMSE 对比

另一方面，使用多语言网络关注度指数的模型在预测准确性方面表现最佳，从而验证我们提出的多语言关注度驱动的原油价格预测框架的有效性。与使用英语网络搜索数据的模型相比，考虑多种有影响力的语言的模型可以使 LR、SVR、BPNN、ELM 和 RVFL 在原油价格预测上 MAPE 分别降低约 4.6%、4.2%、13.0%、9.1% 和 9.3%，RMSE 分别降低约 3.1%、3.2%、12.4%、9.5% 和 8.9%。这背后的原因可能是多语言的网络关注度指数很好地捕捉到了全球投资者的关注，而现有研究中使用的英语关键词搜索量数据只限于英语覆盖的国家（例如美国、英国和加拿大等），而忽略了其他非英语国家［例如中东国家（占全球原油产量的 30% 以上）］的投资者关注情况。

　　通过对不同预测技术的对比，我们可以得出两个有趣的结论。一方面，传统的计量经济学方法 LR 在原油价格预测的 MAPE 和 RMSE 方面均表现最佳，而且现有的使用英语网络搜索数据进行原油价格预测的模型中，也以使用简单的线性计量经济学模型例如 LR[14]、GARCH[110] 和异质自回归（Heterogeneous Autoregression，HAR）为主[140]。另一方面，虽然人工智能模型如 SVR、BPNN、ELM 和 RVFL 在原油预测中表现不如 LR 模型，但是使用多语言网络关注度指数对这些模型的提升幅度在很大程度上大于线性模型。多语言网络关注度指数使原始人工智能模型对油价的预测 MAPE（或 RMSE）平均下降了 8.9%（8.5%），而 LR 的下降幅度仅为 4.6%（3.1%）。总体上来说，上述结果很好地证实了我们提出的多语言网络关注度指数驱动的原油价格预测模型的鲁棒性，即无论选择哪种预测技术，多语言网络关注度指数都可以提高原油价格的预测精度。

　　此外，为了从统计学上证明我们所提出的多语言网络搜索驱动的原油价格预测模型的优越性，我们对预测结果执行了 DM 检验，结果如表 6.3 所示。该结果从统计学的角度支持了以上结论。首先，在 95% 的置信水平下，大多数结果显示使用英语的网络搜索数据可以提升原油价格预测精度（如第一列结果所示）。其次，统计检验还证明，使用多语言网络关注度指数可以显著提升不使用网络搜索数据（如第二列结果所示）和仅使用单一英语网络搜索数据（如第二列结果所示）的现有模型。

表 6.3   不同预测方案下的 DM 检验结果

预测技术	H0：不使用网络搜索数据的模型预测精度低于使用单一英语搜索量的模型	H0：不使用网络搜索数据的模型预测精度低于使用多语言网络搜索的模型	H0：使用单一英语搜索量的模型预测精度低于使用多语言网络搜索的模型
LR	1.9588（0.0556）	3.2315（0.0022）	2.2855（0.0265）
SVR	4.8741（0.0000）	4.7988（0.0000）	2.5058（0.0155）
BPNN	4.7121（0.0000）	4.7151（0.0000）	2.9731（0.0045）
ELM	4.5461（0.0000）	4.4872（0.0000）	2.6273（0.0113）
RVFL	4.4624（0.0000）	4.3801（0.0000）	2.0998（0.0407）

6.4.4 讨论

以上研究已经充分证明：对于原油价格预测，多种语言网络关注度指数比单一英语的网络搜索数据预测性能更好。因为现有文献都使用英语搜索量数据对原油价格进行预测，所以我们主要对多语言网络关注度指数和英语搜索数据进行预测效果对比。这就出现了一个问题，即对于原油价格预测，多语言关注度指数是否可以击败所有单语言的搜索数据呢？本节将通过实验，讨论构建的多语言网络关注度指数是否可以击败其他语言（即阿拉伯语、西班牙语、德语和日语）的网络搜索数据。

不同的单语言的网络搜索数据的预测结果如表6.4所示，可以总结出三个有趣的结论。第一，所有单语言搜索量数据（除了阿拉伯语在 SVR 上的预测）都优于不使用网络搜索数据的模型。这一结果再次验证了不仅是英语搜索量数据，不同语言的搜索数据都可以提升原油价格预测精度。第二，构建的多语言网络关注度指数优于所有的单一语言搜索量数据（除了德语），这也证实了多语言网络关注度指数的优势。第三，在大多数情况下，LR 模型的预测精度都是最高的，除了某些由 SVR 模型引起的特殊情况。这种例外的潜在原因可能是 SVR 的参数敏感性和不稳定性，这在某种程度上抵消了多语言网络关注度指数的预测效果。这里还发现一个有趣的现象，德语的搜索量数据在各个模型上表现都很好，在一些模型上的预测效果甚至比多语言网络关注度指数还要好。出现这样的结果的可能原因可以从第五章的结论中找出，即德语网络搜索数据和原油价格相干系数最高。

表 6.4　　　　　　　所有单一语言网络搜索数据预测效果对比

Panel A：MAPE

模型	不使用网络搜索数据	英语搜索量	阿拉伯语搜索量	西班牙语搜索量	德语搜索量	日语搜索量	多语言网络关注度指数
LR	0.0229	0.0214	0.0221	0.0208	0.0196	0.0208	0.0204
SVR	0.0305	0.0223	0.0370	0.0196	0.0295	0.0208	0.0214
BP	0.0469	0.0283	0.0289	0.0262	0.0226	0.0255	0.0246
ELM	0.0351	0.0266	0.0250	0.0254	0.0218	0.0258	0.0241
RVFL	0.0354	0.0258	0.0243	0.0248	0.0216	0.0257	0.0234

Panel B：RMSE

模型	不使用网络搜索数据	英语搜索量	阿拉伯语搜索量	西班牙语搜索量	德语搜索量	日语搜索量	多语言网络关注度指数
LR	1.5817	1.5181	1.5467	1.4834	1.4306	1.4867	1.4707
SVR	2.1717	1.5974	2.4607	1.4366	2.0114	1.5283	1.5461
BP	3.7695	2.0181	2.1205	1.9071	1.6594	1.8418	1.7682
ELM	2.6435	1.8339	1.7467	1.7533	1.5526	1.8116	1.6597
RVFL	2.6707	1.7752	1.7267	1.7154	1.5521	1.8032	1.6176

6.5　本章小结

本章提出了一个新的多语言网络关注度指数驱动的原油价格预测方法，以解决现有研究仅使用英语网络搜索数据预测原油价格造成的语言偏差和信息流失问题。所提出的方法可以概括为三个步骤，即多语言关注度指数构建、联动机制评估和原油价格预测。首先，基于多语言关键词搜索数据构建多语言网络关注度指数，从而捕获全球投资者的关注度信息。其次，通过一系列的统计检验，即相关性分析、协整检验和格兰杰因果关系检验，研究构建的多语言网络关注度指数与原油价格之间的关系。最后，以多语言网络关注度指数作为有效的预测指标，采用多种预测技术，例如计量经济学模型（LR）和人工智能模型（SVR、BPNN、ELM 和 RVFL），对原油价格进行预测。对比现有研究，该新方法的主要贡献为：（1）首次将多语言网络关注度指数应用于预测（包含原油价格预测）研究；（2）在多语言框架下，将网络搜索数据用于预测 WTI 原油价格，并且不仅与现有的基础预测模型（即不使用网络搜索数据预测的模型）进行了比较，还与单语言的预测模型（使用单语言搜索数据预测的模型）进行了比较，进而凸显多语言网络关注度指数驱动的原油价格预测模型的优势。

以 WTI 原油现货价格作为研究样本，实证结果充分证明了将多语言网络关注度指数应用于原油价格预测的优势。首先，使用网络搜索数据的案例都优于不使用网络搜索数据的案例，证明了网络搜索数据在原油价格预测中的重要作用。其次，多语言网络关注度指数在原油价格预测效果上优于单一语言（尤其是英语）的搜索量数据。最后，多语言网络关注度指数的引入可以改进流行的预测技术，包括传统的计量经济学模型（LR）和新兴的人工智能技术（SVR、BPNN、ELM 或 RVFL）的预测效果，侧面验证了本研究提出的新框架的稳健性。

本章的研究还存在一些不足，具体可以从以下几个角度进行扩展研究。首先，多语言搜索数据的语言选择是本研究的重要环节之一，除了市场份额，还可以引入其他标准或选择方法来系统地选择适当的语言并捕获更全面的信息。其次，搜索关键词的选择也是构建多语言网络关注度指数的关键步骤。除了"oil price"以外，还可以考虑其他与原油价格息息相关的关键词。最后，除了本研究中考虑的五种流行的预测模型外，还可以考虑其他一些更强大的预测技术以进一步提高预测准确性。

第七章　总结与展望

7.1　本书总结

本书致力于研究原油价格和网络关注度的联动机制，并基于网络关注度进行原油价格预测研究。为此，本书将网络搜索数据作为衡量投资者网络关注度的重要指标，并且考虑了两种类型的网络搜索数据，即多种类的网络搜索数据和多语言的网络搜索数据。多种类的搜索数据指不同种类的关键词，如基础关键词、供求关键词、经济关键词、战争关键词和天气关键词的网络搜索数据。本书基于多种类的关键词完成了第三章（联动机制研究）和第四章（原油价格预测）的内容。多语言的搜索数据指不同搜索语言的关键词的搜索数据。利用多语言的关键词完成了第五章（联动机制研究）和第六章（原油价格预测）的内容。本书的主要结论概括如下。

原油价格和网络关注度的频率联动机制研究。基于多种类的网络搜索数据，本书构建了五类网络关注度指数：基础指数、供需指数、经济指数、战争指数和天气指数，并用频率格兰杰因果检验研究它们与原油价格的联动机制。研究发现与标准线性格兰杰检验相比，频率格兰杰可以捕获到更多的关联性关系。具体地，原油价格和网络搜索数据之间格兰杰因果关系的存在、强度和方向都随频率的变化而变化。首先，原油价格与供需指数、战争指数和天气指数之间在所有频率上都满足中立的假设（即没有因果关系）。产生该结果的可能原因在于这三个网络搜索数据的数据特性，特别是较低的搜索值和波动方差。其次，实验结果表明原油价格和经济指数之间存在反馈机制：经济指数驱动中低频（中长期）原油价格，而原油价格在所有频率上都是经济指数的格兰杰原因。最后，原油价格与基本面网络搜索之间在低频（长期）存在单向因果关系，方向为从基础指数到原油价格。

　　基于混合核极限学习机的原油价格预测。使用多种类的网络搜索数据作为预测因子，本书构建了一个混合 KELM 模型，并将其用于原油价格预测。得到了一些有意思的结论：（1）混合 KELM 模型无论在提前 1 个月还是 2 个月的情况下，都优于单一的 KELM 模型（即 RBF – KELM 和 Poly – KELM）。（2）评估不同的滤波技术对混合 KELM 模型的改进效果，可以发现 BEMD 滤波表现最好，HP 滤波次之，Hamilton 滤波较差。基于随机游走的 Hamilton 滤波仅能够有限地提升预测精度，基于回归的 Hamilton 滤波对预测效果没有提升。（3）DM 检验结果基本支持以上结论，而且证明本书提出的混合 KELM 模型比较适合于短期预测。此外，本书还分析了 Hamilton 滤波作为 HP 滤波的一种改进形式为什么不能提升混合 KELM 模型的预测效果。

　　原油价格和多语言网络关注度的动态、多尺度联动机制研究。基于多语言的网络搜索数据，本书使用小波分析方法研究并对比了不同语言的网络搜索数据和原油价格的动态、多尺度联动机制。（1）能量谱结果显示：在时间上，网络搜索数据和原油价格的主要高能量区域都集中在 2014 年 5 月到 2017 年 5 月；在尺度上，原油价格的主要高能量区域集中在中长期区域，而网络搜索数据除了集中在主要高能量区域，也集中在中长期区域，但是还伴随着一些短期高能量在某些特定时间段聚集的现象。（2）相干系数结果显示：在时间上，除了德语，其他六种语言的网络搜索数据都呈现先增加后减少的趋势，德语网络搜索指数和原油价格的相干系数最高（平均值为 0.54）；在尺度上，所有的网络搜索数据和原油价格的相干系数都在 32 ~ 64 周（长期）这个尺度上达到最大值。（3）相位差结果显示：原油价格与多语言网络关注度指数之间相位为反向，但是 2018 年以后开始出现同相位波动的情况；原油价格领先于多语言的网络关注度指数，但是在中短期和 2016 年以后出现局部多语言的网络关注度指数领先于原油价格的情况。

　　基于多语言网络关注度的原油价格预测模型。本书基于多语言网络搜索数据，提出了一个新的、多语言关注度指数驱动的原油价格预测方法，并将其用于实证研究。实证结果证明了将多语言关注度指数应用于原油价格预测的优势。首先，使用网络搜索数据的模型都优于不使用网络搜索数据的模型，证明了网络搜索数据在原油价格预测中的重要作用。其次，本书提出的多语言关注度指数在原油价格预测效果上优于单一语言（尤其是英语）的网络搜索数据。最后，多语言关注度指数的引入可以改进流行的预测技术，包括传统的计量经济学模型（LR）和新兴的人工智能（AI）技术（SVR、BPNN、ELM 或 RVFL）的预测效果，侧面验证了本书提出的新方法的稳健性。

7.2 本书展望

本书致力于挖掘网络关注度与原油价格的联动机制，并评估网络搜索数据对原油价格的预测效果。虽然本书在丰富相关研究中作出了一系列创新工作，但还存在一些不足。

首先，大数据为能源市场研究带来了很多机会，然而能源市场中的大数据类型不仅仅局限于网络搜索数据，还包括一些文本数据。例如，新闻媒体的报道、社交媒体的评论和博文，都承载着投资者的一些偏好、情感信息，并且会影响到投资者的投资决策，最终影响原油市场波动和原油价格波动。研究文本情感和原油价格的联动机制或者是将文本情感用于原油价格预测研究都是一个有意思的研究方向。

其次，网络搜索数据的获取十分依赖关键词的选择。本书主要通过一些经验方法或者谷歌趋势推荐方法获取相关关键词。这样的方法很有可能会导致数据样本不足以代表整体关注的情况，通过技术方法构建一个综合的关键词库，将是本书未来研究努力的方向。

最后，在原油价格预测中，本书主要基于原始数据或者滤波后的趋势数据。在原油价格预测综述中，本书发现"分解—集成"思想为传统油价预测带来了新的动力。该方法的主要思想是：使用分解方法（如 EMD、EEMD、BEMD、小波分解）对原始数据进行分解，然后识别分解后的每个模态并分别进行预测，最后集成每个模态的预测结果。因此，未来的研究将考虑把"分解—集成"或者"分解—聚类—集成"思想纳入研究体系中，以期取得更好的预测效果。

参考文献

［1］Wa̧Torek M. , Drożdż S. , Oświęcimka P. , et al. Multifractal Cross – correlations Between the World Oil and Other Financial Markets in 2012 – 2017 ［J］. Energy Economics, 2019, 81: 874 – 885.

［2］Abeysinghe T. Estimation of Direct and Indirect Impact of Oil Price on Growth ［J］. Economics Letters, 2001, 73（2）: 147 – 153.

［3］Nusair S. A. The Asymmetric Effects of Oil Price Changes on Unemployment: Evidence from Canada and the US ［J］. The Journal of Economic Asymmetries, 2020, 21.

［4］Chen J. , Zhu X. , Li H. The Pass – through Effects of Oil Price Shocks on China's Inflation: A Time – varying Analysis ［J］. Energy Economics, 2020, 86.

［5］Álvarez L. J. , Hurtado S. , Sánchez I. , et al. The Impact of Oil Price Changes on Spanish and Euro Area Consumer Price Inflation ［J］. Economic Modelling, 2011, 28（1 – 2）: 422 – 431.

［6］Kang W. , Ratti R. A. , Yoon K. H. The Impact of Oil Price Shocks on the Stock Market Return and Volatility Relationship ［J］. Journal of International Financial Markets, Institutions and Money, 2015, 34: 41 – 54.

［7］Ghosh S. Examining Crude Oil Price – Exchange Rate Nexus for India During the Period of Extreme Oil Price Volatility ［J］. Applied Energy, 2011, 88（5）: 1886 – 1889.

［8］Nademi A. , Nademi Y. Forecasting Crude Oil Prices by A Semiparametric Markov Switching Model: OPEC, WTI, and Brent Cases ［J］. Energy Economics, 2018, 74: 757 – 766.

［9］Belhassine O. Volatility Spillovers and Hedging Effectiveness Between the Oil Market and Eurozone Sectors：A Tale of two Crises ［J］. Research in International Business and Finance，2020，53.

［10］Liu T. , Gong X. Analyzing Time – varying Volatility Spillovers Between the Crude Oil Markets Using A New Method ［J］. Energy Economics，2020，87.

［11］罗宁，任保平. 国际油价上涨对中国经济的影响及应对措施 ［J］. 沈阳大学学报，2006（5）：77 – 80.

［12］Huang S. , An H. , Wen S. , et al. Revisiting Driving Factors of Oil Price Shocks Across Time Scales ［J］. Energy，2017，139：617 – 629.

［13］Zhou K. , Fu C. , Yang S. Big Data Driven Smart Energy Management：from Big Data to Big Insights ［J］. Renewable and Sustainable Energy Reviews，2016，56：215 – 225.

［14］Li X. , Ma J. , Wang S. Y. , et al. How Does Google Search Affect Trader Positions and Crude Oil Prices? ［J］. Economic Modelling，2015，49：162 – 171.

［15］Lammerding M. , Stephan P. , Trede M. , et al. Speculative Bubbles in Recent Oil Price Dynamics：Evidence from A Bayesian Markov – switching state – space Approach ［J］. Energy Economics，2013，36：491 – 502.

［16］徐鹏，刘强. 国际原油价格的驱动因素：需求，供给还是金融——基于历史分解法的分析 ［J］. 宏观经济研究，2019（7）：84 – 97.

［17］马郑玮，张家玮，曹高航. 国际原油期货价格波动及其影响因素研究 ［J］. 价格理论与实践，2019（4）：21.

［18］谭小芬，张峻晓. 基于 TVP – FAVAR 模型的国际油价驱动因素研究：2000—2015 ［J］. 投资研究，2015（8）：4 – 22.

［19］Lin B. , Li J. The Spillover Effects across Natural Gas and Oil Markets：Based on the VEC – MGARCH Framework ［J］. Applied Energy，2015，155：229 – 241.

［20］Arouri M. E. H. , Jouini J. , Nguyen D. K. On the Impacts of Oil Price Fluctuations on European Equity Markets：Volatility Spillover and

Hedging Effectiveness［J］. Energy Economics, 2012, 34 （2）: 611 - 617.

［21］Zhang Y. J., Fan Y., Tsai H. T., et al. Spillover Effect of US Dollar Exchange Rate on Oil Prices ［J］. Journal of Policy Modeling, 2008, 30 （6）: 973 - 991.

［22］Ye M., Zyren J., Shore J. Forecasting Short - run Crude Oil Price Using High - and Low - inventory Variables ［J］. Energy Policy, 2006, 34 （17）: 2736 - 2743.

［23］Miao H., Ramchander S., Wang T., et al. Influential Factors in Crude Oil Price Forecasting ［J］. Energy Economics, 2017, 68: 77 - 88.

［24］Zhao Y., Li J., Yu L. A Deep Learning Ensemble Approach for Crude Oil Price Forecasting ［J］. Energy Economics, 2017, 66: 9 - 16.

［25］Wang Y., Liu L., Diao X., et al. Forecasting the Real Prices of Crude Oil Under Economic and Statistical Constraints ［J］. Energy Economics, 2015, 51: 599 - 608.

［26］Naser H. Estimating and Forecasting the Real Prices of Crude Oil: A Data Rich Model Using A Dynamic Model Averaging （DMA）Approach ［J］. Energy Economics, 2016, 56: 75 - 87.

［27］Zhang Y. J., Wang J. L. Do High - frequency Stock Market Data Help Forecast Crude Oil Prices? Evidence from the MIDAS Models ［J］. Energy Economics, 2019, 78: 192 - 201.

［28］Li J., Xu L., Tang L., et al. Big Data in Tourism Research: A Literature Review ［J］. Tourism Management, 2018, 68: 301 - 323.

［29］Ghelardoni L., Ghio A., Anguita D. Energy Load Forecasting Using Empirical Mode Decomposition and Support Vector Regression ［J］. IEEE Transactions on Smart Grid, 2013, 4 （1）: 549 - 556.

［30］Taylor J. W., Mcsharry P. E. Short - term Load Forecasting Methods: An Evaluation Based on European Data ［J］. IEEE Transactions on Power Systems, 2007, 22 （4）: 2213 - 2219.

［31］戴文群, 段江娇. 中国原油期货融入国际市场了吗? ——基于

国内外原油期货价格联动实证研究［J］. 浙江金融, 2019（7）: 49 – 55.

［32］Fattouh B. , Kilian L. , Mahadeva L. The Role of Speculation in Oil Markets: What Have We Learned So Far? ［J］. The Energy Journal, 2013, 34（3）.

［33］What Drives Crude Oil Prices? ［R］. Washington, DC: Energy Information Administration, 2020.

［34］Büyüksahin B. , Haigh M. S. , Robe M. A. Commodities and Equities: Ever A "market of one"? ［J］. The Journal of Alternative Investments, 2009, 12（3）: 76 – 95.

［35］Caldara D. , Cavallo M. , Iacoviello M. Oil Price Elasticities and Oil Price Fluctuations ［J］. Journal of Monetary Economics, 2019, 103: 1 – 20.

［36］Liu Z. , Ding Z. , Lv T. , et al. Financial Factors Affecting Oil Price Change and Oil – stock Interactions: A Review and Future Perspectives ［J］. Natural Hazards, 2019, 95（1 – 2）: 207 – 225.

［37］Bencivenga C. , D'ecclesia R. L. , Triulzi U. Oil Prices and the Financial Crisis ［J］. Review of Managerial Science, 2012, 6（3）: 227 – 238.

［38］Kilian L. , Murphy D. P. The Role of Inventories and Speculative Trading in the Global Market for Crude Oil ［J］. Journal of Applied Econometrics, 2014, 29（3）: 454 – 478.

［39］Baker M. , Wurgler J. Investor Sentiment in the Stock Market ［J］. Journal of Economic Perspectives, 2007, 21（2）: 129 – 152.

［40］Li J. , Tang L. , Wang S. Forecasting Crude Oil Price with Multilingual Search Engine Data ［J］. Physica A: Statistical Mechanics and its Applications, 2020, 551.

［41］李君臣. 2015 年全球原油供需变化与油价走势分析 ［J］. 中国能源, 2016, 38（2）: 10 – 14.

［42］余建华. 世界石油供需态势与油价高位问题 ［J］. 社会科学, 2008（5）: 27 – 38.

［43］柴建，朱青，张钟毓. 国际油价突变识别及分析 ［J］. 中国人口·资源与环境，2014, 24 (1)：109 – 117.

［44］孙竹，朱珍，凌铃明. 高油价下库存对期现货市场价格的影响方式 ［J］. 国际经济合作，2012 (11)：58 – 61.

［45］Bu H. Effect of Inventory Announcements on Crude Oil Price Volatility ［J］. Energy Economics, 2014, 46：485 – 494.

［46］Jayaraman T. K., Choong C. K. Growth and Oil Price：A Study of Causal Relationships in Small Pacific Island Countries ［J］. Energy Policy, 2009, 37 (6)：2182 – 2189.

［47］Hanabusa K. Causality Relationship Between the Price of Oil and Economic Growth in Japan ［J］. Energy Policy, 2009, 37 (5)：1953 – 1957.

［48］Reboredo J. C., Rivera – Castro M. A. A Wavelet Decomposition Approach to Crude Oil Price and Exchange Rate Dependence ［J］. Economic Modelling, 2013, 32：42 – 57.

［49］Reboredo J. C., Rivera – Castro M. A., Zebende G. F. Oil and US Dollar Exchange Rate Dependence：A Detrended Cross – correlation Approach ［J］. Energy Economics, 2014, 42：132 – 139.

［50］Miller J. I., Ratti R. A. Crude Oil and Stock Markets：Stability, Instability, and Bubbles ［J］. Energy Economics, 2009, 31 (4)：559 – 568.

［51］Naifar N., Al Dohaiman M. S. Nonlinear Analysis among Crude Oil Prices, Stock Markets' Return and Macroeconomic Variables ［J］. International Review of Economics & Finance, 2013, 27：416 – 431.

［52］Ghosh S., Kanjilal K. Co – movement of International Crude Oil Price and Indian Stock Market：Evidences from Nonlinear Cointegration Tests ［J］. Energy Economics, 2016, 53：111 – 117.

［53］Monge M., Gil – Alana L. A., De Gracia F. P. Crude Oil Price Behaviour before and after Military Conflicts and Geopolitical Events ［J］. Energy, 2017, 120：79 – 91.

［54］Noguera – Santaella J. Geopolitics and the Oil Price ［J］. Economic Modelling, 2016, 52: 301 – 309.

［55］Brandt M. W., Gao L. Macro Fundamentals Or Geopolitical Events? A Textual Analysis of News Events for Crude Oil ［J］. Journal of Empirical Finance, 2019, 51: 64 – 94.

［56］Ji Q., Guo J. F. Oil Price Volatility and Oil – related Events: An Internet Concern Study Perspective ［J］. Applied Energy, 2015, 137: 256 – 264.

［57］Cruz A. M., Krausmann E. Vulnerability of the Oil and Gas Sector to Climate Change and Extreme Weather Events ［J］. Climatic Change, 2013, 121 （1）: 41 – 53.

［58］Wang J., Athanasopoulos G., Hyndman R. J., et al. Crude Oil Price Forecasting Based on Internet Concern Using An Extreme Learning Machine ［J］. International Journal of Forecasting, 2018, 34 （4）: 665 – 677.

［59］隋颜休, 郭强. 期货市场的投机因素对国际油价波动的影响——基于2000—2013年的结构断点分析 ［J］. 宏观经济研究, 2014, 8: 100 – 113.

［60］陈明华, 张彦, 徐银良, 刘华军. 金融投机因素对国际油价波动的动态影响分析——基于动态随机一般均衡（DSGE）视角 ［J］. 宏观经济研究, 2014 （11）: 119 – 148.

［61］Awan O. A. Price Discovery or Noise: the Role of Arbitrage and Speculation in Explaining Crude Oil Price Behaviour ［J］. Journal of Commodity Markets, 2019, 16.

［62］孙泽生, 管清友. 投机与国际石油价格波动——基于贸易中介视角的分析 ［J］. 国际经济评论, 2009 （2）: 57 – 59.

［63］Zhao C. L., Wang B. Forecasting Crude Oil Price with An Autoregressive Integrated Moving Average （ARIMA） Model ［M］. Springer, Berlin, Heidelberg, 2014: 275 – 286.

［64］Xiang Y., Zhuang X. H. Application of ARIMA Model in Short –

term Prediction of International Crude Oil Price［J］. Advanced Materials Re-search, Trans Tech Publications, 2013, 2657: 979 – 982.

［65］Mohammadi H. , Su L. International Evidence on Crude Oil Price Dy-namics: Applications of ARIMA – GARCH Models［J］. Energy Economics, 2010, 32（5）: 1001 – 1008.

［66］Kang S. H. , Kang S. M. , Yoon S. M. Forecasting Volatility of Crude Oil Markets［J］. Energy Economics, 2009, 31（1）: 119 – 125.

［67］Wei Y. , Wang Y. , Huang D. Forecasting Crude Oil Market Volatility: Further Evidence Using GARCH – class Models［J］. Energy Eco-nomics, 2010, 32（6）: 1477 – 1484.

［68］Cheong C. W. Modeling and Forecasting Crude Oil Markets Using ARCH – type Models［J］. Energy Policy, 2009, 37（6）: 2346 – 2355.

［69］Lin Y. , Xiao Y. , Li F. Forecasting Crude Oil Price Volatility Via A HM – EGARCH Model［J］. Energy Economics, 2020, 87.

［70］Abdollahi H. , Ebrahimi S. B. A New Hybrid Model for Forecasting Brent Crude Oil Price［J］. Energy, 2020, 200.

［71］Lin L. , Jiang Y. , Xiao H. , et al. Crude Oil Price Forecasting Based on A Novel Hybrid Long Memory GARCH – M and Wavelet Analysis Model［J］. Physica A: Statistical Mechanics and its Applications, 2020, 543.

［72］Zhang Y. J. , Yao T. , He L. Y. , et al. Volatility Forecasting of Crude Oil Market: Can the Regime Switching GARCH Model Beat the Single – regime GARCH Models?［J］. International Review of Economics & Finance, 2019, 59: 302 – 317.

［73］Tang L. , Wu Y. , Yu L. A Non – iterative Decomposition – ensem-ble Learning Paradigm Using RVFL Network for Crude Oil Price Forecasting ［J］. Applied Soft Computing, 2018, 70: 1097 – 1108.

［74］Zhang J. L. , Zhang Y. J. , Zhang L. A Novel Hybrid Method for Crude Oil Price Forecasting［J］. Energy Economics, 2015, 49: 649 – 659.

[75] Movagharnejad K. , Mehdizadeh B. , Banihashemi M. , et al. Forecasting the Differences between Various Commercial Oil Prices in the Persian Gulf Region by Neural Network [J] . Energy, 2011, 36 (7): 3979 –3984.

[76] Panella M. , Barcellona F. , Santucci V. , et al. Neural Networks to Model Energy Commodity Price Dynamics [C] // Proceedings of the USAEE/ IAEE North American Conference, 2011.

[77] Wang J. , Pan H. , Liu F. Forecasting Crude Oil Price and Stock Price by Jump Stochastic Time Effective Neural Network Model [J] . Journal of Applied Mathematics, 2012.

[78] Xie W. , Yu L. , Xu S. , et al. A New Method for Crude Oil Price Forecasting Based on Support Vector Machines [C] . International Conference on Computational Science. Springer, 2006: 444 – 451.

[79] Yu L. , Wang S. , Lai K. K. Forecasting Crude Oil Price with An EMD – based Neural Network Ensemble Learning Paradigm [J] . Energy Economics, 2008, 30 (5): 2623 –2635.

[80] Yu L. , Xu H. , Tang L. LSSVR Ensemble Learning with Uncertain Parameters for Crude Oil Price Forecasting [J] . Applied Soft Computing, 2017, 56: 692 – 701.

[81] Wang M. , Zhao L. , Du R. , et al. A Novel Hybrid Method of Forecasting Crude Oil Prices Using Complex Network Science and Artificial Intelligence Algorithms [J] . Applied Energy, 2018, 220: 480 – 495.

[82] Jammazi R. , Aloui C. Crude Oil Price Forecasting: Experimental Evidence from Wavelet Decomposition and Neural Network Modeling [J] . Energy Economics, 2012, 34 (3): 828 – 841.

[83] Huang L. , Wang J. Global Crude Oil Price Prediction and Synchronization Based Accuracy Evaluation Using Random Wavelet Neural Network [J] . Energy, 2018, 151: 875 – 888.

[84] Tang L. , Zhang C. , Li L. , et al. A Multi – scale Method for Forecasting Oil Price with Multi – factor Search Engine Data [J] . Applied Ener-

gy, 2020, 257.

[85] 梁强, 范英, 魏一鸣. 基于小波分析的石油价格长期趋势预测方法及其实证研究 [J]. 中国管理科学, 2012 (1): 30 - 36.

[86] Carneiro H. A., Mylonakis E. Google Trends: A web - based Tool for Real - time Surveillance of Disease Outbreaks [J]. Clinical Infectious Diseases, 2009, 49 (10): 1557 - 1564.

[87] Choi H., Varian H. Predicting the Present with Google Trends [J]. Economic Record, 2012, 88: 2 - 9.

[88] Peng G., Liu Y., Wang J., et al. Analysis of the Prediction Capability of Web Search Data Based on the HE - TDC Method - prediction of the Volume of Daily Tourism Visitors [J]. Journal of Systems Science and Systems Engineering, 2017, 26 (2): 163 - 182.

[89] Li X., Pan B., Law R., et al. Forecasting Tourism Demand with Composite Search Index [J]. Tourism Management, 2017, 59: 57 - 66.

[90] Huang X., Zhang L., Ding Y. The Baidu Index: Uses in Predicting Tourism Flows - A Case Study of the Forbidden City [J]. Tourism Management, 2017, 58: 301 - 306.

[91] Li X., Wu Q., Peng G., et al. Tourism Forecasting by Search Engine Data with Noise - processing [J]. African Journal of Business Management, 2016, 10 (6): 114 - 130.

[92] Rivera R. A Dynamic Linear Model to Forecast Hotel Registrations in Puerto Rico Using Google Trends Data [J]. Tourism Management, 2016, 57: 12 - 20.

[93] Gunter U., Önder I. Forecasting City Arrivals with Google Analytics [J]. Annals of Tourism Research, 2016, 61: 199 - 212.

[94] Yang X., Pan B., Evans J. A., et al. Forecasting Chinese Tourist Volume with Search Engine Data [J]. Tourism Management, 2015, 46: 386 - 397.

[95] Park S., Lee J., Song W. Short - term Forecasting of Japanese

Tourist Inflow to South Korea Using Google Trends Data [J] . Journal of Travel & Tourism Marketing, 2017, 34 (3): 357 – 368.

[96] Pan B. , Wu D. C. , Song H. Forecasting Hotel Room Demand Using Search Engine Data [J] . Journal of Hospitality and Tourism Technology, 2012, 3 (3): 196 – 210.

[97] Artola C. , Pinto F. , De Pedraza García P. Can Internet Searches Forecast Tourism Inflows? [J] . International Journal of Manpower, 2015, 36 (1): 103 – 116.

[98] Xiang Z. , Pan B. Travel Queries on Cities in the United States: Implications for Search Engine Marketing for Tourist Destinations [J] . Tourism Management, 2011, 32 (1): 88 – 97.

[99] Afkhami M. , Cormack L. , Ghoddusi H. Google Search Keywords that Best Predict Energy Price Volatility [J] . Energy Economics, 2017, 67: 17 – 27.

[100] Yao T. , Zhang Y. J. , Ma C. Q. How Does Investor Attention Affect International Crude Oil Prices? [J] . Applied Energy, 2017, 205: 336 – 344.

[101] Fantazzini D. , Fomichev N. Forecasting the Real Price of Oil Using Online Search Data [J] . International Journal of Computational Economics and Econometrics, 2014, 4 (1 – 2): 4 – 31.

[102] Han L. Y. , Lv Q. N. , Yin L. B. Can Investor Attention Predict Oil Prices? [J] . Energy Economics, 2017, 66: 547 – 558.

[103] Yu L. A. , Wang S. Y. , Lai K. K. Forecasting Crude Oil Price with An EMD – based Neural Network Ensemble Learning Paradigm [J] . Energy Economics, 2008, 30 (5): 2623 – 2635.

[104] Yin X. , Peng J. , Tang T. Improving the Forecasting Accuracy of Crude Oil Prices [J] . Sustainability, 2018, 10 (2) .

[105] Wang Y. D. , Liu L. Is WTI Crude Oil Market Becoming Weakly Efficient over Time? New Evidence from Multiscale Analysis Based on Detrend-

ed Fluctuation Analysis [J]. Energy Economics, 2010, 32 (5): 987 –992.

[106] Yu L., Li J., Tang L., et al. Linear and Nonlinear Granger Causality Investigation between Carbon Market and Crude Oil Market: A Multi – scale Approach [J]. Energy Economics, 2015, 51: 300 –311.

[107] Lu Y., Yang L., Liu L. Volatility Spillovers between Crude Oil and Agricultural Commodity Markets since the Financial Crisis [J]. Sustainability, 2019, 11 (2): 396.

[108] Guo J. F., Ji Q. How Does Market Concern Derived from the Internet Affect Oil Prices? [J]. Applied Energy, 2013, 112: 1536 –1543.

[109] Qadan M., Nama H. Investor Sentiment and the Price of Oil [J]. Energy Economics, 2018, 69: 42 –58.

[110] Elshendy M., Colladon A. F., Battistoni E., et al. Using Four Different Online Media Sources to Forecast the Crude Oil Price [J]. Journal of Information Science, 2018, 44 (3): 408 –421.

[111] Dergiades T., Mavragani E., Pan B. Google Trends and Tourists' Arrivals: Emerging Biases and Proposed Corrections [J]. Tourism Management, 2018, 66: 108 –120.

[112] Bozoklu S., Yilanci V. Energy Consumption and Economic Growth for Selected OECD Countries: Further Evidence from the Granger Causality Test in the Frequency Domain [J]. Energy Policy, 2013, 63: 877 –881.

[113] Gokmenoglu K., Kirikkaleli D., Eren B. M. Time and Frequency Domain Causality Testing: the Causal Linkage between FDI and Economic Risk for the Case of Turkey [J]. Journal of International Trade & Economic Development, 2019, 28 (6): 649 –667.

[114] Breitung J., Candelon B. Testing for Short – and Long – run Causality: A Frequency – domain Approach [J]. Journal of Econometrics, 2006, 132 (2): 363 –378.

[115] Granger C. W. Investigating Causal Relations by Econometric Models and Cross – spectral Methods [J]. Econometrica: Journal of the Econo-

metric Society, 1969, 37 (3): 424 –438.

[116] Croux C. , Reusens P. Do Stock Prices Contain Predictive Power for the Future Economic Activity? A Granger Causality Analysis in the Frequency Domain [J]. Journal of Macroeconomics, 2013, 35: 93 – 103.

[117] Huang G. B. , Zhu Q. Y. , Siew C. K. Extreme Learning Machine: A New Learning Scheme of Feedforward Neural Networks [C] //2004 IEEE International Joint Conference on Neural Networks. IEEE, 2004: 985 –990.

[118] Cao W. , Wang X. , Ming Z. , et al. A Review on Neural Networks with Random Weights [J]. Neurocomputing, 2018, 275: 278 –287.

[119] Yu L. , Wei D. , Ling T. A Novel Decomposition Ensemble Model with Extended Extreme Learning Machine for Crude Oil Price Forecasting [J]. Engineering Applications of Artificial Intelligence, 2016, 47: 110 – 121.

[120] Sun S. , Wang S. , Wei Y. , et al. Forecasting Tourist Arrivals with Machine Learning and Internet Search Index [C] // 2017 IEEE International Conference on Big Data, 2017.

[121] Zhang Y. , Li C. , Li L. Wavelet Transform and Kernel – based Extreme Learning Machine for Electricity Price Forecasting [J]. Energy Systems, 2018, 9 (1): 113 –134.

[122] 邬啸, 魏延, 吴瑕. 基于混合核函数的支持向量机 [J]. 重庆理工大学学报 (自然科学), 2011 (10): 70 –74.

[123] Hamilton, D. J. Why You Should Never Use the Hodrick-Prescott Filter [J]. Review of Economics & Statistics, 2018, 100 (5): 831 –843.

[124] Hodrick R. J. , Prescott E. C. Postwar U. S. Business Cycles: An Empirical Investigation [J]. Journal of Money, Credit and Banking, 1997, 29.

[125] Lisi F. , Nan F. Component Estimation for Electricity Prices: Procedures and Comparisons [J]. Energy Economics, 2014, 44: 143 –159.

[126] Weron R. , Zator M. A Note on Using the Hodrick-prescott Filter

in Electricity Markets [J]. Energy Economics, 2015, 48: 1 - 6.

[127] Den Haan W. J. The Comovement between Output and Prices [J]. Journal of Monetary Economics, 2000, 46 (1): 3 - 30.

[128] Rilling G., Flandrin P., Gonçalves P., et al. Bivariate Empirical Mode Decomposition [J]. IEEE Signal Processing Letters, 2007, 14 (12): 936 - 939.

[129] Huang G. B., Zhou H. M., Ding X. J., et al. Extreme Learning Machine for Regression and Multiclass Classification [J]. IEEE Transactions on Systems, Man, and Cybernetics, Part B (Cybernetics), 2011, 42 (2): 513 - 529.

[130] Bosupeng M. Forecasting Tourism Demand: the Hamilton Filter [J]. Annals of Tourism Research, 2019, 79.

[131] Chen Y., Kloft M., Yang Y., et al. Mixed Kernel Based Extreme Learning Machine for Electric Load Forecasting [J]. Neurocomputing, 2018, 312: 90 - 106.

[132] Hamilton J. D., Wu J. C. Effects of Index - fund Investing on Commodity Futures Prices [J]. International Economic Review, 2015, 56 (1): 187 - 205.

[133] Filis G., Degiannakis S., Floros C. Dynamic Correlation between Stock Market and Oil Prices: the Case of Oil - importing and Oil - exporting Countries [J]. International Review of Financial Analysis, 2011, 20 (3): 152 - 164.

[134] Jia X., An H., Fang W., et al. How Do Correlations of Crude Oil Prices Co - move? A Grey Correlation - based Wavelet Perspective [J]. Energy Economics, 2015, 49: 588 - 598.

[135] Pal D., Mitra S. K. Oil Price and Automobile Stock Return Co - movement: A Wavelet Coherence Analysis [J]. Economic Modelling, 2019, 76: 172 - 181.

[136] Dong M., Chang C. P., Gong Q., et al. Revisiting Global Eco-

nomic Activity and Crude Oil Prices: A Wavelet Analysis [J]. Economic Modelling, 2019, 78: 134 – 149.

[137] Tiwari A. K., Mukherjee Z., Gupta R., et al. A Wavelet Analysis of the Relationship between Oil and Natural Gas Prices [J]. Resources Policy, 2019, 60: 118 – 124.

[138] Bilgili F., Öztürkürk l., Koçak E., et al. The Influence of Biomass Energy Consumption on CO_2 Emissions: A Wavelet Coherence Approach [J]. Environmental Science and Pollution Research, 2016, 23 (19): 19043 – 19061.

[139] Li J., Tang L., Sun X., et al. Oil – importing Optimal Decision Considering Country Risk with Extreme Events: A Multi – objective Programming Approach [J]. Computers & Operations Research, 2014, 42: 108 – 115.

[140] Campos I., Cortazar G., Reyes T. Modeling and Predicting Oil VIX: Internet Search Volume Versus Traditional Mariables [J]. Energy Economics, 2017, 66: 194 – 204.

[141] Chai J., Xing L. M., Zhou X. Y., et al. Forecasting the WTI Crude Oil Price by A Hybrid – refined Method [J]. Energy Economics, 2018, 71: 114 – 127.

[142] Wang Y., Wu C., Yang L. Forecasting Crude Oil Market Volatility: A Markov Switching Multifractal Volatility Approach [J]. International Journal of Forecasting, 2016, 32 (1): 1 – 9.

[143] Baumeister C., Guérin P., Kilian L. Do High – frequency Financial Data Help Forecast Oil Prices? The MIDAS Touch at Work [J]. International Journal of Forecasting, 2015, 31 (2): 238 – 252.

[144] Zhou H., Deng Z., Xia Y., et al. A New Sampling Method in Particle Filter Based on Pearson Correlation Coefficient [J]. Neurocomputing, 2016, 216: 208 – 215.

[145] Huang S. C. Online Option Price Forecasting by Using Unscented

Kalman Filters and Support Vector Machines [J]. Expert Systems with Applications, 2008, 34 (4): 2819 –2825.

[146] Pao Y. H., Park G. H., Sobajic D. J. Learning and Generalization Characteristics of the Random Vector Functional – link Net [J]. Neurocomputing, 1994, 6 (2): 163 – 180.

[147] Tang L., Wu Y., Yu L. A Randomized – algorithm – based Decomposition – ensemble Learning Methodology for Energy Price Forecasting [J]. Energy, 2018, 157: 526 –538.

[148] Diebold F. X., Mariano R. S. Comparing Predictive Accuracy [J]. Journal of Business & Economic Statistics, 2002, 20 (1): 134 – 144.

[149] Yu L., Zhao Y., Tang L., et al. Online Big Data – driven Oil Consumption Forecasting with Google Trends [J]. International Journal of Forecasting, 2019, 35 (1): 213 –223.